Tiempo y viaje
en la Compostela medieval

Xosé M. Sánchez Sánchez

Tiempo y viaje en la Compostela medieval

Estudios sobre tiempo, individuo y peregrinación en la Edad Media

MMXXIV
Consorcio de Santiago
Universidade de Santiago de Compostela

Sánchez Sánchez, Xosé M. (Xosé Manuel)

Tiempo y viaje en la Compostela medieval : estudios sobre tiempo, individuo y peregrinación en la Edad Media / Xosé M.Sánchez Sánchez.- Santiago de Compostela : Consorcio de Santiago : Universidade de Santiago de Compostela, Edicións USC, 2024

136 p. ; 24 cm

D.L. C 1474-2024. – ISBN : 978-84-10142-37-4 (USC).-ISBN : 978-84-16753-93-2 (Consorcio de Santiago)

1.Santiago de Compostela (Galicia)-Historia-500-1500 (Idade Media) 2.Peregrinacións cristiás-Galicia-Santiago de Compostela 3.Espazo e tempo-500-1500 (Idade Media) I.Consorcio da Cidade de Santiago de Compostela, ed.II.Universidade de Santiago de Compostela.Edicións USC, ed.

94 (460.111 Santiago de Compostela) "04/14"

910 (44+460) Camiño de Santiago

O proxecto de investigación que deu orixe a esta obra foi financiado pola Cátedra do Camiño de Santiago e as Peregrinacións da USC, tras a súa selección na *IV Convocatoria de axudas da Cátedra do Camiño de Santiago e das Peregrinacións para Proxectos de Investigación (2021)*, e contou no seu desenvolvemento coa colaboración da Fundación Catedral e o Arquivo-Biblioteca da Catedral de Santiago.

Este libro forma parte da Biblioteca Científica do Consorcio de Santiago

Deseño e Maquetación
Isabel Argüelles
Imprenta Universitaria

Edición técnica
EDICIÓNS USC
Campus Vida
15782 Santiago de Compostela
usc.gal/publicacions

Imprime
Imprenta Universitaria
Campus Vida
15782 Santiago de Compostela

Depósito legal C 1474-2024
ISBN 978-84-16753-93-2 [Consorcio de Santiago]
ISBN 978-84-10142-37-4 [Universidade de Santiago de Compostela]

El tiempo, constante y precioso. Pero difuso sin compañía en su devenir. Este libro va dedicado a mis amigos. Aquellos que me acompañan en esto de vivir. Esos que, como mi familia, hacen que ese tiempo, sin duda y cada día, cuente.

Contenido

Siglas y abreviaturas

AAV   Archivo Apostólico Vaticano
ABEV   Arxiu i Biblioteca Episcopal de Vic
ACS   Archivo-Biblioteca de la Catedral de Santiago
ACL   Archivo de la Catedral de León
ACLl   Arxiu de la Catedral de Lleida
ACO   Archivo Catedral de Ourense
AHN   Archivo Histórico Nacional
BAST   Biblioteca dell'Accademia delle Scienze de Turin
BAV   Biblioteca Apostólica Vaticana
BNF   Biblioteca Nacional de Francia
SzB   Staatsbibliothek de Berlín
ULD   Universitäts- und Landesbibliothek Düsseldorf

Prefacio

> De repente un Conejo Blanco con ojos rosas pasó muy ligero a su lado. Nada destacable habría habido en ese hecho a no ser porque oyó que el Conejo se decía a sí mismo: «¡Jolines, voy a llegar tarde!», y, al decirlo, sacó de su chaleco un reloj de bolsillo y lo miró, apretando el paso aún más. Entonces, Alicia dio un salto, pues nunca había visto antes un Conejo con un reloj de bolsillo, y llena de curiosidad salió tras él, justo en el momento en que el Conejo se metía de cabeza por una madriguera que había bajo un seto. No lo pensó dos veces y lo siguió, sin plantearse cómo demonios iba a poder salir de aquel agujero.
>
> LEWIS CARROL
> *Alicia en el país de las maravillas.*

Cuando hacia 1984 Robert Dangton editaba su clásica revisión a los cuentos en la Francia del Antiguo Régimen con el sugerente título *La gran matanza de gatos y otros episodios en la historia de la cultura francesa*, el foco de la historiografía hacía tiempo que estaba ya, en parte, en el individuo y sus ideas. El largo y caótico devenir del siglo XX (quizá no más que otros), había ido aproximando la perspectiva a lo concreto, a la par que difuso, de la mente. La visión había partido inicialmente de lo producido o de la relación mantenida entre los grupos para reflexionar de manera aledaña en torno a lo pensado; y poco a poco la perspectiva se había hecho un hueco propio.

Tal dimensión es sin duda bien atractiva para el investigador. El historiador se pone aquí en los zapatos de quien, invitado en la casa ajena de un familiar lejano, la recorre poco a poco para acabar reconociendo en ella unas costumbres íntimas que descubrirá como propias. Su construcción, sin embargo, se complica a medida que retrocedemos. Es compleja pero asequible para algunos espacios del Antiguo Régimen; es pedregosa y resbaladiza para la generalidad de los tiempos medievales. Y sin embargo su cultivo florece en un paraje amable tanto para el paseo propio como para compartir con visitantes desconocidos. Tal es el sentido de la investigación que el lector y lectora tiene entre manos. Aun con las distancias evidentes hacia un maestro, pero de la misma manera que lo había planteado Robert Dangton[1], el sentido de este libro no es simplemente profundizar en lo que la gente (de la Edad Media en este caso) pensaba, sino en cómo lo pensaban y el modo en que ello influía en su sociedad y su vida cotidiana.

La propuesta que en el año 2021 presenté a la IV Convocatoria para proyectos de investigación de la «Cátedra do Camiño de Santiago e das Peregrinacións», de la Universidade de Santiago, circulaba ya sobre tal hilo: *Tiempo y viaje. El Tiempo y los tiempos en la peregrinación a Santiago de Compostela en la Edad Media*. En una apuesta por líneas de trabajo menos transitadas, la concesión del proyecto dio lugar a un desempeño con su base de operaciones principalmente en el Archivo de la Catedral de Santiago. Ahora, tres años después, aquella propuesta inicial presta parte de su título al presente volumen que es su compendio y conclusión final y más articulada. Conste aquí mi agradecimiento a todos los implicados en su desarrollo, por su confianza: a la Cátedra de las Peregrinaciones, principalmente en la persona del profesor Miguel Taín Guzmán; al Consorcio de Santiago y la Universidad de Santiago de Compostela, por su implicación y confianza en esta edición, personadas en Juan L. Blanco Valdés y Juan Conde Roa; y a la Fundación Catedral de Santiago, y el Archivo-Biblioteca de la Catedral, mi casa, especialmente en su director Francisco Buide del Real y su personal, Arturo, Elena y Jorge.

Aquella empresa partió de una ojeada casi casual a los saltos apurados de un Conejo Blanco con reloj de bolsillo que se revelaba en las palabras de otros, como Dangton o Jacques Le Goff, y en las ciertas notitas que iba poco a poco percibiendo en torno a tiempo y viaje en fuentes documentales variadas. Como Alicia, no pude sino seguirlo; e invito ahora al lector a que lo haga. Aunque por mi parte espero, a través de las páginas siguientes, haber encontrado un camino solvente para salir de esta sugerente madriguera.

---

[1] DANGTON, Robert, *La gran matanza de gatos y otros episodios en la historia de la cultura francesa*, Fondo de Cultura Económica, México, 1987, p. 11.

1

Introducción
UN ESTUDIO SOBRE TIEMPO Y VIAJE
EN LA COMPOSTELA MEDIEVAL

Ciertamente, pocas cosas hay más constantes que el paso del tiempo. Y sin embargo para el historiador que se ocupa del Medievo, es quizá uno de los matices más complejos de registrar a la hora de abordar su explicación. No me refiero a las consideraciones teológicas. Para ellas existen reflexiones diversas, que parten ya de las hechuras definidas a inicios del período por San Agustín y las conceptualizaciones de San Isidoro en sus *Etimologías* para continuar hasta el avanzado Santiago de la Vorágine a finales del siglo XIII[2]. Las páginas a seguir se centran en una perspectiva más privada: la manera en que la población concebía el propio transcurrir cronológico, el Tiempo, y el modo en que esta idea cambiante influía en sus vidas. Porque como

---

[2] A ello dedica de hecho su libro quinto *De legibus et temporibus* para ofrecer conceptos varios desde los momentos hasta el paso de las edades. OROZ RETA, José, *San Isidoro de Sevilla. Etimologías. Edición bilingüe*, Madrid, Biblioteca de Autores Cristianos, 2004, 300-543. En torno a los conceptos temporales de esta primera Edad Media, y de una relativamente extensa bibliografía, ver: HAUSHEER, H., «St. Augustine's Conception of Time», *The Philosophical Review*, 46(5) (1937), pp. 503-512; SUTER, R., «El concepto del tiempo según San Agustín, con algunos comentarios críticos de Wittgenstein», *Convivium*, 19 (1965), pp. 97-111; TRIVIÑO CUELLAR, J., Tiempo, eternidad y 'distentio animi'. Una clave de lectura del libro XI de Confesiones, «Universitas Philosophica», 67 (2016), pp. 239-274. Y ya hacia la idea de tiempo en la Santiago de la Vorágine: LE GOFF, Jacques, *En busca del tiempo sagrado. Santiago de la Vorágine y la Leyenda dorada*, Madrid, Ed. Akal, 2022.

otros ya han demostrado, las tramas del tiempo son concebidas de manera en parte diferente en función de la actividad y contexto de cada cual. El apuro o la calma, la creencia en una mayor o menor disponibilidad de tiempo, o la gestión de las duraciones (es decir, lo que tardamos en cumplir un determinado desempeño), son en parte todas ellas formas asociadas a las diversas características comunes que se comparten a través de la pertenencia, consciente o inconsciente, a una colectividad. Lo cual en no pocas ocasiones termina generando una identidad[3].

El objeto del presente volumen, de manera general, es el examen de la noción temporal que, en sus fundamentos, cambios y permanencias, tenía un grupo determinado de individuos en la Edad Media: cómo entiende la persona el transcurso del tiempo. Ello, como veremos, no permanece hermético ni abstraído de su encapsulado social, sino que circula a la par de éste, cambiando al paso que lo hacen las relaciones entre las colectividades, las condiciones litúrgicas, los usos constructivos, o el entramado cultural y cultural. Mi argumento tratará así de mostrar el modo en que ciertas condiciones particulares que rodean al individuo en torno a usos devocionales, litúrgicos y constructivos, han marcado una percepción inconsciente pero cambiante y elástica del tiempo cronológico y con él de nociones aledañas como el apuro, el sosiego, o la noción de disponibilidad temporal, para generar a su vez formas y modos cambiantes en lo cultural y cotidiano[4].

Sobre esta base genérica, desarrollemos de manera más concreta el plan del viaje y el equipaje seleccionado.

---

[3] ARCARI, L., «Identità collettive, identità etniche, identità religiose. Elementi per una trattazione nella prospettiva della longue durée (tra antichità e medioevo)», *Reti medievali rivista*, 16/1 (2015), p. 32. En torno a la cuestión, general, del tiempo como objeto histórico: *Temps, memoire et tradition au Moyen Age. XIIIe congrès (Aix-en-Provence, 1982)*, Aix, Société des Historiens Médiévistes de l'enseignement Supérieur public, 1982; SCHMITT, Jean-Claude, «Le Temps. 'Impens' de l'histoire ou double objet de l'historien?», *Cahiers de Civilisation Médiévale*, 48 (2005), pp. 31-52.

[4] En torno al cambio en el concepto medieval del tiempo, de la relativamente amplia bibliografía, creo especialmente acertados: GUENÉE, M. Bernard, «Temps de l'histoire et temps de la mémoire au moyen age», *Annuaire-Bulletin de La Société de l'histoire de France*, (1976-1977), pp. 25–35; RUELLE, Pierre, «Le temps, la vie, la mort dans la conception médiévale», *Académie royale de langue et de littérature françaises de Belgique*, 1985; y el reciente CHOPIN-FARON, Myriam, «Écrire le temps au Moyen Âge. Temps de l'Histoire et temps de la mémoire», *reCHERches. Culture et histoire dans l'espace roman*, 27 (2021).

1.1. Del objeto. Herramientas, fuentes y métodos

Las páginas a seguir se ubican pues, en la confluencia de idea, viaje e indivi-duo, para analizar los cambios que experimenta y concibe en la noción del tiempo cronológico aquel que se desplaza y circula por la ciudad de Santia-go de Compostela en la Edad Media. Unos cambios cuyo origen creo poder marcar a su vez, como veremos, en las modificaciones de las condiciones comunes del viaje devocional, y en los cambios que las formas litúrgicas han generado, con especial calado en el gran edificio sacro de la ciudad: su basílica. Desde ahí, se han moldeado unas formas particulares tanto en lo cotidiano del viaje, como en los ritmos diarios que sigue el peregrino en la ciudad, con influencia no solo en el flujo de los itinerarios o el transcurso de las jornadas, sino en las percepciones aledañas de sus protagonistas.

Es necesario, en primer término, determinar de qué protagonista esta-mos hablando y sobre cuál centraremos nuestra mirada, pues la generalidad ya no resulta útil. Nada se descubre en materia histórica si caracterizamos a grupos dispares de individuos como homogeneizados por una actividad o condición común, algo que es perfectamente aplicable a una investigación en torno a la idea temporal en la Edad Media. Tales eran el tiempo de la Igle-sia o el tiempo del mercader, que había definido en su día Jacques Le Goff. Mi estudio recoge esta línea para profundizar en el catálogo privado de tiempos del mundo medieval. Y así, en relación a Compostela, la cuestión se centra en esta ocasión en intentar determinar las nociones temporales en uno de estos grupos comunes: el de los peregrinos a Santiago de Compostela; un individuo, masculino o femenino, que llega a la ciudad compostelana con una finalidad devocional y penitencial en torno al culto jacobeo. En este sen-tido podemos marcar de inicio el desplazamiento, con sus orígenes diversos, ritmos cambiantes y especialmente con sus motivaciones variadas, como el criterio generador de una relativa coherencia a la hora de ofrecer tales nociones de particulares susceptibles de cierta definición y, especialmente, sistematización[5]. La rotundidad de su influencia en torno a la peregrinación

---

[5] Ver el compendio que realiza: PLÖTZ, Robert, «El peregrino y su entorno. Historia, infraes-tructura y espacio», *Ad limina. Revista de investigación del Camino de Santiago y las peregrinaciones*, 3 (2013), pp. 165-180. Una cuestión, la de la peregrinación, asociada hasta ahora, generalmente, a la construcción de una forma simbólica concreta de espacio: LONGO, U., «Introduzione: il pellegri-naggio medioevale», *RiMe. Rivista dell'Istituto di Storia dell'Europa Mediterranea*, 6 (2020), pp. 7-8.

es definitiva en un incierto viaje que organiza jornadas, semanas, meses o estaciones, y atraviesa a ritmo diferente campos, bosques y lugares.

Organizando aquella hipótesis y este objeto de estudio, nos ocuparemos en primer lugar de una aproximación genérica a la confluencia de idea, individuo y vida en la Galicia medieval. Creo que la línea que queda por construir es fuerte, o puede serlo; y aunque no será este el lugar, le daremos desde aquí, con un primer centro en la noción del Tiempo, un vistazo a modo de compendio. A partir de ahí, y ya de manera más concreta, la investigación se construirá en dos niveles de análisis, ejecutados de lo general a lo específico y cada uno de ellos marcado por unos criterios particulares desde los cuales concepciones diferentes y cambiantes del tiempo cronológico jalonan en su sucesión la vida diaria de su protagonista. En un primer término me ocuparé de la idea de Tiempo que tienen quienes participan de la peregrinación a Santiago en un contexto general del propio desplazamiento y ruta. El tiempo del viaje, marcado principalmente en nuestro caso por el objetivo del itinerario. La finalidad de oración ante el sepulcro atribuido al apóstol Santiago, y la posterior liturgización del trayecto en sí mismo, alcanzada el siglo XI, nos permitirá observar ciertos cambios notables en la plena Edad Media.

En segundo término, de manera más próxima a lo material y urbano, analizaremos la noción de Tiempo que posee aquel peregrino o viajero que había llegado ya a la ciudad de Santiago. Esta visión parte por supuesto de condiciones compartidas con cualquier otra ciudad del Occidente medieval, pero se encuentra sometida en cada una de ellas a sus términos particulares. Y estas, en la Compostela medieval, transcurren en torno principalmente a lo venerativo. El individuo, alcanzado Santiago, circula e interactúa con lo litúrgico desde el tiempo diario vivido en la ciudad; y de esta manera la finalidad devocional y los tiempos, espacios e itinerarios cultuales, dan forma particular, a su vez, a una percepción personal para el recién llegado del transcurso de los días y jornadas en la propia urbe. Incluiremos aquí, en la relación con la propia vecindad, una breve perspectiva al tiempo de las peregrinaciones locales que nos pondrá en contacto directo con los viajes interiores de sus habitantes. Este se construye por su parte desde la concepción popular y de manera principal sobre los usos agrícolas en su cruce con el tiempo litúrgico, tomando forma en romerías populares que entremezclan lo rogativo y lo procesional con centro en la ciudad compostelana.

Alegoría del paso del Tiempo. Reloj del siglo XVIII. Palacio Real (Madrid). Imagen propia.

La importancia de estas esferas toma forma a través del tiempo en sí mismo. No solo del que se invierte en el viaje, que es evidentemente diferente para cada persona y deriva de sus condiciones particulares. Me refiero aquí a la forma en que el propio protagonista lo concibe, lo piensa: elástico y tranquilo en ocasiones, rígido y apurado en otras[6]. Tales particularidades se nos muestran en una maravillosa amalgama de festividades, paseos, tiempos y espacios, salpicados por las fuentes documentales, y también en la generación de usos y costumbres, algunos de las cuales han alcanzado, desde la Edad Media, la Compostela contemporánea.

Desde este armazón metodológico, a pesar de un discurso general casi incontestado[7], el fragmentado *corpus* de fuentes documentales que conservamos para los siglos medievales en torno a la peregrinación jacobea dificulta de por sí no sólo una definición de las rutas en cuanto a espacio e itinerarios, sino la propia valoración de la intensidad del fenómeno. Desde ahí, el intento por ahondar en cuestiones relativas a las ideas presenta no pocas complicaciones; máxime en aspectos tan ocultos como la percepción temporal de los cuales el propio protagonista no es en la mayor parte de los momentos consciente. Convendrá así considerar fuentes alusivas a lo singular como muestra de las formas de lo colectivo, siguiendo el camino de autores como Klaus Herbers y Robert Plötz que han esbozado ya las posibilidades de tratar elementos concretos de la mentalidad colectiva medieval como objeto de estudio en torno a los desplazamientos devocionales jacobeos[8].

Nuestra investigación se ha construido desde una recopilación y consideración de referencias tangenciales que permitirá, sobre el agregado y su

---

[6] La óptica, realmente, seguirá un orden inverso al de la tradición del culto jacobeo, que parte de la *inventio*, en la definición que hacían Robert Plötz y Klaus Herbers: «primero circunscrito localmente y después regionalmente, que luego fue difundido rápidamente a través de los martirologios». HERBERS, Klaus; PLÖTZ, Robert, *Caminaron a Santiago. Relatos de peregrinaciones al «fin del mundo»*, Santiago de Compostela, Xunta de Galicia, 1999, p. 27.

[7] En un repensado y reevaluación de fuentes, fenómeno y tradiciones, ver: ANDRADE CERNADAS, José Miguel, *As peregrinacións a Compostela: Mito, historia e falsidades*, Edicións Xerais de Galicia, 2023.

[8] *Ibidem*, p. 48. Como principales recopilaciones de testimonios: CAUCCI VON SAUCKEN, P. G., *I testi italiani del viaggio e pellegrinaggio a Santiago de Compostela e diorama sulla Galizia*, Perugia, Università degli Studi di Peruggia, 1983; GARCÍA MERCADAL, J. (ed.), *Viajes de extranjeros por España y Portugal: desde los tiempos más remotos hasta comienzos del siglo XX*, vol. 1, Valladolid, Junta de Castilla y León, Consejería de Educación y Cultura, 1999; RUCQUOI, Adeline; MICHAUD-FRÉJAVILLE, F. y PICCONE, P., *Le voyage à Compostelle du Xe au XXe siècle*, Paris, 2018. pp. 25-338.

interpretación, recomponer y reconocer la forma de una idea en la mente del hombre y mujer de la Edad Media; idea de Tiempo y peregrinos a Compostela, en este caso. Hemos tomado como fuente la abundante documentación real, sinodal y privada compostelana producida entre los siglos IX y XV, compuesta por: donaciones de la monarquía hispánica; actas de reuniones conciliares de la provincia eclesiástica; diplomas administrativos de la iglesia de Santiago; y referencias en textos privados y crónicas, tanto peninsulares como europeas, sobre la peregrinación a Compostela[9]. En este último conjunto, hemos considerado a su vez: crónicas o disposiciones legislativas y litúrgicas; relatos, aun originados por un sector muy concreto de individuos, acomodado y generalmente tardío; y referencias indirectas al viaje, en algún tipo de testimonio al hilo de un acto o evento relacionado. El ritmo sostenido de la peregrinación no ha de marcarse, por supuesto, simplemente desde las grandes personalidades que nos legan sus relatos o referencias. Pero es igualmente cierto que, de cara a una definición de las ideas, este segmento textual ofrece un volumen considerable de información que habrá que valorar.

En dicho cuerpo de documentos, hemos seguido la presencia de ideas operativas vinculadas a la noción de Tiempo en su articulación con el individuo, añadiendo una sistematización de referencias para registrar los cambios y su evolución en las esferas definidas y los momentos varios de la Edad Media[10]. El ritmo de las referencias para la construcción de la investigación ha resultado irregular a lo largo del período y ha obligado, en cualquier caso, al cribado detenido de las palabras, pero cierta constancia se ha dejado ver en cuestiones concretas lo que ha permitido, en efecto, extraer conclusiones.

Conviene señalar que la presente construcción no es única ni primera. Mi trabajo bebe, en efecto, de una línea de autores que han desarrollado ya

---

[9] Para ello, además de las colecciones de fuentes editadas, y recogidas al término de este volumen, he consultado la documentación inédita de los archivos Archivo-Biblioteca de la Catedral de Santiago, Archivo Histórico Diocesano de Santiago, Archivo Histórico Universitario de Santiago, y los agregados de fuentes que residen en los portales CODOLGA (https://corpus.cirp.gal/codolga) y Gallaecia Monumenta Histórica (https://gmh.consellodacultura.gal/), y PARES (https://pares.cultura.gob.es/inicio.html) .

[10] BOULOUX, N., «Les formes d'intégration des récits de voyage dans la géographie savante. Quelques remarques et un cas d'étude: Roger Bacon, lecteur de Guillaume de Rubrouck», en BRESC, H. y E. TIXIER DU MESNIL (eds.), *Géographes et voyageurs au Moyen Âge*, París, Presses universitaires de Paris Nanterre, 2010, pp. 119-146.

una producción considerable en torno al objeto planteado, bien en lo teórico en torno a la investigación de la época medieval o bien ya de manera más concreta y compostelana. No haré aquí un recorrido de la producción historiográfica desde sus orígenes, pero sí es menester ubicarnos en ella, como punto de partida, así como conocer algunos de sus principales enfoques.

1.2. Tiempo y viaje en la Compostela medieval. Un breve pórtico historiográfico

Desde la segunda mitad del siglo xx, diversos autores han abordado ya la confluencia de reflexión, idea y vida cotidiana, destacando ciertas plumas monográficas como las de Maurice Halbwasch o luego Jacques Le Goff[11]. Este trabajo de la historiografía más clásica en su aproximación a las formas temporales de la Edad Media, principalmente desde la tercera generación de la escuela francesa de *Annales*, ha permitido un acercamiento a nuestra materia con cierta seguridad en lo teórico. Los estudios de Le Goff resultan casi fundacionales, con la atención que dedica a la cuestión recopilada en sus obras principales como *Tiempo, trabajo y cultura en el Occidente medieval* o *La civilización del Occidente medieval*. Y así, aunque no repetiré todas las líneas de estudio ni obras editadas, conste que los trabajos tradicionales citados al pie resultan perfecto marco inicial[12].

---

[11] Principalmente: HALBWACHS, Maurice, «La mémoire collective et le temps», *Cahiers internationaux de sociologie*, 2 (1947), pp. 3-31; LE GOFF, Jacques, «Au Moyen Âge: temps de l'Église et temps du marchand», *Annales*, 15-3 (1960), pp. 417-433. Se pueden añadir por supuesto estudios algo más generales como los centrados en la vida privada, propios o como coordinador, de Georges Duby.

[12] Se ofrecía recopilación historiográfica en: MARTIN, Hervé, *Mentalités médiévales (XIe-XVe siècle)*, Paris, Presses Universitaires de France, 1998, pp. XXIX-XXX. Debemos señalar especialmente los estudios: HALBWACHS, «La mémoire collective», p. 3-31; LE GOFF, «Au Moyen Âge», pp. 417-433; *Le temps et l'Histoire*, Tours, Annales de Bretagne et des pays de l'Ouest, 1975; *Temps, memoire et tradition*; SCHMITT, Jean-Claude, «Le Temps. 'Impens' de l'histoire ou double objet de l'historien?», *Cahiers de Civilisation Médiévale*, 48-189 (2005), pp. 31-52. De manera más recientes nuevas aportaciones han venido a matizar y enriquecer la perspectiva: HEIKKILÄ, Tuomas (ed.), *Time in the Eternal City: Perceiving and Controlling Time in Late Medieval and Renaissance Rome*, Leiden / Boston, Brill, 2020; SUERBAUM, Almut; Annie SUTHERLAND, *Medieval Temporalities. The Experience of Time in Medieval Europe*, Cambridge, Boydell & Brewer, 2021. Es obligado añadir la reciente reunión *Time / Le temps. Symposium of the International Medieval Society*, celebrada en París en 8–10 de julio de 2019. Igualmente, ya en torno a la península Ibérica, García de Cortázar ha marcado ciertos ritmos iniciales, en la influencia de la cristianización sobre las estructuras temporales: GARCÍA DE CORTÁZAR, José Ángel, *Historia religiosa del Occidente medieval (Años 313-1464)*, Madrid, Akal, 2012, pp. 95-99.

Desde este armazón, en lo práctico, el propio Le Goff y otros tras él, han ido cincelando los tiempos diversos, múltiples a la par que particulares, que conviven desde la propia coexistencia de los más variados grupos. Como ya hemos introducido, la consideración de percepciones diferentes y simultáneas, emanadas de condiciones igualmente numerosas, ha permitido definir una multiplicidad de tiempos en el transcurso de la Edad Media[13]. Acaso se trate, como proponía en su día Halbwachs, de unos tiempos colectivos tan variados como grupos existentes[14]. Conviene recoger esta consideración grupal pues, de manera acertada, creo, no remite a oficios, clases o géneros concretos sino simplemente a agregados, podríamos entender, con una vinculación sea la que fuere. Es decir: una colectividad con una o varias características que homogeneizan de alguna manera su existencia y en nuestro caso, con ella, la idea que sus miembros tienen del tiempo.

Los métodos empleados por esta historiografía abrían desde entonces la posibilidad de aplicarlos a grupos diversos y desde matices particulares. Resulta en efecto más factible abordar ciertos fenómenos que se construyen desde una especial influencia de las ideas en su proyección social; procesos que ofrecen al investigador pequeñas piezas de información suelta pero coherente en torno al pensamiento. De ellos, los principales, ya con cierto bagaje en su examen, son sin duda las ceremonias públicas del poder, y la materialización de acontecimientos devocionales. Los modos en que el poder político se muestra y aquellas formas en que las poblaciones lo reciben, lo conciben o lo interiorizan, se han ido delineando progresivamente, siguiendo los diversos trazos de estudio sobre cómo la civilización medieval ha organizado el propio poder[15]. En lo devocional, por su parte, la liturgia, como forma organizativa pública de las ceremonias, ha transmitido igualmente una significación que trasciende a la propia creencia y en la cual la peregrinación se ha revelado como uno de sus desempeños públicos más evidentes. El desplazamiento individual se ha entendido aquí a medio camino entre idea, sociedad y economía mientras circula, aún sobre motivaciones diver-

---

[13] LE GOFF, «Au Moyen Âge», p. 424-425, 428. Le Goff, Jacques, *La civilisation de l'Occident medieval*, Paris, Arthaud, 1964, p. 223.

[14] HALBWACHS, «La mémoire collective», p. 46.

[15] En lo peninsular una de sus producciones más recientes es el volumen colectivo: JARA FUENTE, José Antonio (dir.), *Emociones políticas y políticas de la emoción. Las sociedades urbanas en la Baja Edad Media*, Madrid, Dykinson, 2021.

sas, en el marco de un trasfondo venerativo de espiritualidad indiscutible[16]. La preparación del viaje, su desarrollo a cada paso, los edificios observados o los itinerarios seguidos, se enmarcan todos ellos en las concepciones de espacio y tiempo, centrales para el individuo de la Edad Media pero más complejas de rastrear.

Desde tal dificultad las llamadas *peregrinationes maiores* (Roma, Jerusalén y Santiago) son las que ofrecen, por su entidad sostenida, volumen y fuentes generadas, una mayor posibilidad de análisis a la hora de rastrear sus fundamentos[17]. En cuanto a la peregrinación jacobea en la Edad Media, los estudios han profundizado en facetas múltiples desde la larga trayectoria del siglo xix, pero la esfera de las ideas no ha sido objeto principal, exceptuando por supuesto lo devocional, mucho más desarrollado. La historiografía, así, ha asentado por una parte personas, acontecimientos y estructuras. El intenso desarrollo de estudios en la encrucijada de análisis socioeconómicos, políticos, culturales, artísticos o litúrgicos, ha dotado a las rutas de peregrinación jacobea de buena definición y certezas, aún sobre la posibilidad siempre beneficiosa de relectura. Con cierto grado de convencimiento conocemos los lugares y caminos; textos y testimonios; formas, en vestidos y usos; edificios y urbes. Igualmente, la ubicación de rutas e itinerarios ofrece con relativa abundancia guías y ediciones de fuentes en torno a los Caminos hacia Compostela, y a la par reflexiones sobre los protagonistas concretos (prelados, peregrinos, acontecimientos) o subjetivos (condicionantes, formas, instituciones).

---

[16] En este sentido, desde las producciones más recientes, conviene partir de las distintas perspectivas que ofrecen: GREENIA, George D., «Faith and Footpaths. Pilgrimage in Medieval Iberia», en MUÑOZ BASOLS, Javier; LONSDALE, Laura, y DELGADO, Manuel (coords.), *The Routledge Companion to Iberian Studies*, London, Routdlege, 2019, pp. 16-26; RUCQUOI, Adeline, «The Way of Saint James: A sacred space?», *International Journal of Religious Tourism and Pilgrimage*, 7/5 (2019), pp. 41-47.

[17] En torno al papel compostelano en este grupo de destino peregrinatorio: DÍAZ Y DÍAZ, Manuel, «Las tres grandes peregrinaciones vistas desde Santiago», en Paolo CAUCCI VON SAUCKEN (ed.), *Santiago, Roma, Jerusalén. Actas del III congreso Internacional de Estudios Jacobeos*, Santiago de Compostela, Xunta de Galicia, 1999, p. 81-98. En la condición del caminante: Plötz, Robert, «Peregrini - Palmieri - Romeri, Untersuchungen zum Pilgerbegriff der Zeit Dantes», *Jahrbuch für Volkskunde*, 2 (1979), p. 103-134. En torno al individuo como centro, en parte ha circulado la reunión: CAUCCI VON SAUCKEN, Paolo; VÁZQUEZ SANTOS, Rosa (ed.), *VIII Congreso Internacional de Estudios Jacobeos. Peregrino, ruta y meta en las «peregrinationes maiores»*, Santiago de Compostela, Secretaría Xeral da Presidencia. S.A. de Xestión do Plan Xacobeo, 2012.

La propia línea de investigación sobre las peregrinaciones ha experimentado un enorme empuje en los últimos tiempos, sin duda desde la combinación de perspectivas de corte tradicional con otras líneas de trabajo más novedosas, antaño en los márgenes cercanos a la historia cultural, como es la historia de los sentidos. Este cruce con nuevas perspectivas, si bien todavía menor en entidad, ha ofrecido ya ciertos resultados. En lo más tradicional, la IV Semana de Estudios Medievales de Nájera, dedicada en el año 1993 al Camino de Santiago, desgranaba en su sesión inaugural al llamado *homo viator* y sus entresijos de espacio y percepción, en una ponencia de José Ángel García de Cortázar; estaba cercano el artículo «Homo viator», de Robert Plötz[18] o trabajos alusivos de Fernando López Alsina, Adeline Rucquoi o Klaus Herbers.

Desde ahí, un impulso relativamente reciente al relato de los sentidos ha ofrecido cierta actualización. Se entienden así estudios como «Las huellas del miedo en la literatura de viajes medieval: una aproximación metodológica» de Pablo Martín Prieto, las sesiones colaborativas *Sacred places, pilgrimage & emotions*[19], las aportaciones de Iris Shagrir[20] o en lo propiamente jacobeo las nuevas visiones que ofrece George D. Greenia[21]. Se añaden a ellas orientaciones que ahondan en la percepción y definición no sólo de lo que se ve, sino de lo que se intuye. Como resultados más completos y, de manera más reciente, podemos recoger los estudios *The Dynamics of Pilgrimage: Christianity, Holy Places, and Sensory Experience*[22], y la orientación interdisciplinar de las recientes *Sacred Journeys Online Global Conference* del William & Mary College en el año 2020.

Tales trabajos han comenzado a desperezar ciertas visiones en torno a sentimiento y percepción. Estos estudios superan lo meramente litúrgico para definir objetos de estudio que inciden en percepción y mentalidad en el marco de las peregrinaciones. Unas concepciones a medio camino entre los

---

[18] PLÖTZ, Robert, «Homo viator», *Compostellanum*, 36 (1991), pp. 265-281.

[19] *Sacred places, pilgrimage & emotions*, University of Melbourne, 2013.

[20] SHAGRIR, Iris, «*Vox Civitatis*: el paisaje sonoro en la Jerusalén del siglo XII», *Ad Limina. Revista de investigación del Camino de Santiago y las peregrinaciones*, 8 (2017), pp. 63-84.

[21] En el marco teórico: GREENIA, George D.; SÁNCHEZ SÁNCHEZ, Xosé M., «The Rattle of Time and Travel: The Acoustics of Medieval Pilgrimage», *Ad Limina* (2021), pp. 211-217.

[22] DYAS, Dee, *The Dynamics of Pilgrimage: Christianity, Holy Places, and Sensory Experience*, Abingdon, Routledge, 2020.

condicionantes culturales, la perspectiva de la vida cotidiana y el modo en que se experimentan las ideas[23].

La historiografía gallega o en torno a Galicia se ha dedicado ya en parte a las mentalidades —con el principal exponente de Carlos Barros Guimeráns—, y aunque sus presupuestos no se han aplicado tradicionalmente al fenómeno de la peregrinación compostelana, el cruce de todas las líneas anteriores ha compuesto algunas aproximaciones. En este aire fresco el propio estudio del Tiempo ha ofrecido de manera relativamente reciente cierto resultado, atendiendo al modo en que lo entiende el individuo, el peregrino, el caminante[24]. Podemos señalar ya algunas aportaciones de entidad, como los cruces de Anne E. Bailey[25] y, específicamente en lo compostelano, el estudio de Klaus Herbers «Les chemins de Saint-Jacques. Une conception de sacraliser l'espace et le temps» o ciertas aproximaciones a las formas medievales de la ciudad compostelana esbozando la cuestión del tiempo cronológico en atención[26].

Un bagaje historiográfico de cierta intensidad cuyos presupuestos son en parte fundamento y armazón del presente volumen.

***

---

[23] Robert Plötz se había adentrado ya en las formas de la memoria, más en lo dimensional que en la percepción individual; ver: PLÖTZ, Robert, «Memoria, de peregrinación y de peregrinos», en Paolo CAUCCI VON SAUCKEN (ed.), *Santiago, Jerusalén, Roma. Actas del III Congreso Internacional de Estudios Jacobeos*, Santiago de Compostela, Xunta de Galicia, 1999, p. 277-304. Así se han orientado igualmente, aunque más próximos a los sentidos: George GREENIA, Xosé M. SÁNCHEZ SÁNCHEZ, «The Rattle of Time and Travel: The Acoustics of Medieval Pilgrimage», *Ad Limina. Revista de investigación del Camino de Santiago y las peregrinaciones*, 12 (2021), pp. 217-219; Iris SHAGRIR, «*Vox Civitatis*: el paisaje sonoro en la Jerusalén del siglo XII», *Ad Limina. Revista de investigación del Camino de Santiago y las peregrinaciones*, 8 (2017), pp. 66-69.

[24] Klaus Herbers había ofrecido ya una primera aproximación, aunque desde las formas de sacralización. Especialmente: HERBERS, Klaus, «Sacralizar el tiempo y el espacio. Visitar lugares sagrados en los siglos XII y XV», en DEL VAL VALDIVIESO, María Isabel y Pascual MARTÍNEZ SOPENA (eds.), *Castilla y el mundo feudal: homenaje al profesor Julio Valdeón*, v. 3, Valladolid, Junta de Castilla y León – Universidad de Valladolid, 2009, p. 567-581; HERBERS, Klaus, «Les chemins de Saint-Jacques. Une conception de sacraliser l'espace et le temps», *Ad Limina. Revista de investigación del Camino de Santiago y las peregrinaciones*, 3 (2012), p. 133-148.

[25] Principalmente en: BAILEY, Anne E., «Flights of Distance, Time and Fancy: Women Pilgrims and their Journeys in English Medieval Miracle Narratives», *Gender & History*, 24/2 (2012), pp. 292-30.

[26] SÁNCHEZ SÁNCHEZ, Xosé M., *Iglesia, mentalidad y vida cotidiana en la Compostela medieval*, Santiago de Compostela, Consorcio de Santiago – Universidade de Santiago de Compostela, 2019, pp. 41-50

Tiempo y viaje, por tanto. Individuo, ciudad e idea. Son nuestros objetivos. No en la idea en sí sino en el modo en que se experimenta. Como hemos visto, es un viaje poco transitado por la historiografía, pero ya con ciertos mimbres. Recogemos una línea desde la que construir, partiendo siempre de las fuentes primarias; esas que nos permiten observar al individuo en sus quehaceres, que nos dejan entablar conversaciones en sus últimos momentos, que nos ofrecen vistazos a sus seres queridos u odiados. Esas que, a seguir, nos permitirán moldear una visión individual del Tiempo en la Edad Media.

Empecemos por nuestros verdaderos protagonistas: las gentes de la Galicia medieval, y sus vidas y sentimientos en las fuentes documentales. Abordarlos era, aquí, una cuestión de tiempo.

2
REFLEXIONES EN TORNO A IDEA, TIEMPO, INDIVIDUO Y EDAD MEDIA

> Mientras el mundo durare, no dejarán jamás de sucederse la sementera y la siega, el frío y el calor, el verano y el invierno, la noche y el día.
>
> Gen. 8, 22.

La coordenada temporal ha ejercido invariablemente su autoridad sobre todos los ámbitos en la vida de las sociedades a través de su transcurrir constante; como decíamos, no en cuanto a la propia sucesión meramente cronológica, ni de ritmos anuales o limitaciones del tiempo climático, sino en la influencia que la idea subjetiva ejerce por sí misma. El individuo es por supuesto el elemento central como protagonista de las situaciones cotidianas y en ellas reside la muestra más evidente de la percepción de *su* mundo. En ese desempeño diario es donde circula el conjunto de ideas y nociones que se proyectan en la vida en sociedad. Pero no nos confundamos en este inicio: lo que vamos a intentar definir no son anécdotas, no son situaciones cómicas o dramáticas, ni episodios para una historia del *clickbait*. Son algunas de las claves de la vida individual y cotidiana en su concepción e imagen: el Tiempo, nada menos, su paso y la conciencia del mismo, de la necesidad de apuro o de la permisividad del retraso. Ello toma forma en lo individual e íntimo, cierto, pero desde una generalidad espacial y cultural; lo que en ocasiones se ha dado en llamar mentalidad, en concepto tan utilizado como poco definido. Y es precisamente por eso mismo por lo que sus costuras se dejan ver en los márgenes de las fuentes primarias y notariales. Su pesquisa ha de buscarlas en retales que no son centrales generalmente en los documentos de sus protagonistas, pero que sin embargo se dejan ver aquí y allá a poco que miremos.

Esta consideración puede aplicarse casi a cualquier dimensión lateral y en torno a las ideas privadas de esos individuos de la Edad Media. En lo genérico, y como en casi cualquier época histórica, el estudio de la civilización medieval europea ofrece su versión más posible en el seguimiento de las sucesiones políticas y, en segundo término, en la articulación de las formas sociales y económicas. En este sentido, una creciente intensidad de la documentación notarial ha permitido definir progresivamente las formas principales en que los individuos se han ido relacionando en la Galicia medieval, partiendo de la sucesión cotidiana de sus actividades, especialmente desde el siglo IX en adelante y gracias a las intensas colecciones documentales monásticas y catedralicias. Cosechas, ventas, y homenajes; matrimonios, defunciones, arrendamientos y servidumbres, ofrecen todos un agregado individual cuyo constante goteo de situaciones da forma a lo colectivo.

Pero en cada uno de estos pequeños contextos, en cada situación puntual, subyace sin duda algo más profundo: lo que se piensa, lo que se concibe, lo que se siente. Acciones, gestos, cadencias cotidianas… son todos ellos hogar de nociones como las del tiempo; inconscientes las más de ellas e irreflexivas, pero inherentes y pensadas. Las fuentes escritas apenas lo recogen de soslayo; y sin embargo, su poso se deja sentir en cada acto de nuestros protagonistas.

Cuando el medievalista, picado por la curiosidad pero con un interés consciente, encara este objeto, se multiplican las dificultades. Lo particular parece diluirse en efecto en lo general y se complica discernir si llega antes la tendencia o el comportamiento. El cribado de información, además, es arduo, pues aunque la cuestión se ha de construir en primer término desde la lectura atenta de documentos privados, ello no es suficiente por sí mismo de manera que se antoja imprescindible recurrir a la interpretación de espacios, de liturgias e iconografías, civiles y eclesiásticas.

Y pese a todo no es menos cierto que la atención a esta esfera en su conjunto resulta fundamental para comprender ya no la evolución de las formas de la sociedad, que también, sino para delinear en lo profundo las vidas de sus actores. El mundo de las ideas se entrecruza aquí con lo propiamente cultural, para dar forma a una amalgama de compleja diferenciación que desciende hasta la materialidad de la vida, de manera que construcciones, usos y objetos nos permiten observar, parcialmente, el fundamento de los pensamientos.

La construcción del discurso se genera desde cierto andamio común tanto en las pesquisas sobre las fuentes primarias, como en el modo en que el medievalista ha de abordarlas en espacio, cronología y condiciones determinadas. Esta última concreción es clave, pues solo desde un marco coherente y definido en estas coordenadas podemos intentar dilucidar sus formas, que son culturales. Y así, en una perspectiva más global, y antes de abordar de manera monográfica la cuestión del tiempo, quiero sugerir brevemente algunos modos en que el medievalista puede encarar un primer análisis de la esfera de las ideas en las que nuestro objeto se inserta y considerar su impronta de cara a un estudio de la sociedad de la Galicia medieval.

2.1. Ideas, individuos y posibilidades en los márgenes de las fuentes primarias para la Galicia medieval[27]

Las articulaciones de los grupos, los encajes en la construcción de los espacios políticos, la sucesión de ritmos económicos, generan todos ellos, como decíamos al inicio, una construcción susceptible de analizar desde la relativa intensidad de las fuentes documentales. Podemos hacerlo en cuanto al trabajo de la tierra y lo producido; podemos también (aun con menos certeza) en torno al poder político ejercido y aquel que el individuo siente o percibe. Pero en nuestro caso, y para el territorio del noroeste, hemos escogido en esta ocasión un segmento vecino a todo ello: aquellas ideas y nociones que, por una parte, jalonan las decisiones individuales, impulsando o retrayendo, y que por otra configuran su modo de estar en el mundo desde sus pensamientos más cotidianos. La perspectiva de Jacques Le Goff en los años 80 y 90 del siglo pasado descerraba de par en par la ventana en su día ya entreabierta por Georges Duby y Pierre Nora, y desde la pasión por la investigación de las ideas en la Edad Media glosaba las posibilidades que para ello brindan las fuentes documentales: «es entonces cuando se elevan los

---

[27] Toma aquí forma, en parte, cierto material presentado en la ponencia «Entre susurros y retales para construir otra Edad Media. Individuo y sociedad en los márgenes de las fuentes primarias», ofrecida el 5 de mayo de 2023 en el marco del *VI Congreso Internacional O Camiño do Medievalista* celebrado en Santiago de Compostela.

'murmullos' de los Archivos, cuando los pergaminos, las ordenanzas reales, viven y hablan. La piedra también vive y habla. Antes era material e inerte, en adelante se espiritualiza y vive»[28].

En referencia a las fuentes empleadas conviene reforzar el marco de las producciones notariales o privadas en esta presentación general; porque el abordaje de las cuestiones que planteo ha partido en muchas ocasiones de las obras teológicas o literarias pero creo que conviene aproximarse también desde otra perspectiva. Nuestra búsqueda es la del individuo (hombre, mujer, de cualquier edad, niña o anciano) y con él sus dimensiones sociales expresadas en comportamiento, usos, costumbres e ideas que se explican o se insertan en las coyunturas socio-económicas. Y así, su encuentro, no estará en la teología, sino en los complejos márgenes de la documentación primaria y notarial.

Cumplirá una lectura que permita, referencia a referencia, comprender y articular un discurso en torno al modo de vida y algunas de las ideas de esa sociedad medieval. Aludiremos así a comportamientos, celebraciones, a lo grupal o a ciertos objetos, pero manteniendo siempre de fondo una perspectiva personal (aun en el agregado). De inicio desde aquellas particularidades atinentes al Tiempo y sus concepciones en cambios y permanencias.

2.1.1. Primeras palabras en torno al Tiempo

El primer foco ha de ser, aun en unas primeras pinceladas, para la cuestión central de este volumen. El individuo se ubica en el tiempo, que no es aquí el tiempo sacro, cristológico o mariano, ni el circular o el del año agrario, sino entendido como transcurso en la encadenación de momentos sin solución de continuidad. Aquel tiempo que se sucede y que se rellena, en el desempeño cotidiano, con las cosas de la vida. Ése que, a la par, se concibe de manera particular, en sus luces y sus sombras, marcando igualmente la propia distribución personal: la actividad del día y la noche, la premura o la calma.

En este sentido, y en lo evidente, el tiempo, incluso en referencia a lo diario, marca por supuesto y en primer lugar lo productivo. Día y noche pueden constituir ambos un lapso dedicado de trabajo. Los ejemplos son incontables. De manera breve, en 1065, una compra a Celanova especifica

---

[28] LE GOFF, Jacques, *Por otra Edad Media*, Barcelona, Taurus, 2020, p. 36.

que *comparamus de Kiza Ihazenziz pedazos de terra et uno talio de vinea et inde illo molino noctem integram et diem integram*[29]; en 1422 Afonso López da Cruz *dou en firme et pura doaçon a a dita iglesia de Lugo et cabidoo dela para senpre hun dia con sua noyte, que eu aio cada mes en o moyno do juys que he do dito cabidoo*[30]. Más allá de lo evidente, esta reglamentación de lo económico especifica al mismo tiempo un transcurso cronológico que marca ciertas condiciones para el individuo en cuanto a lo diurno y lo nocturno sin limitar necesariamente los momentos de trabajo.

Sin duda han de ser las propias condiciones naturales las que lo hacen. La noche es tiempo oscuro; de ausencia de visión, de quietud y sin embargo de incertidumbre. Es tiempo de recogerse, o de vigilar cuando menos las actividades que se desempeñan. En 1434 la narración de una investigación por asesinato en Ourense lo deja bastante claro: *todo o día andaran en elo, et agora por quanto era ja açerqa da noyte, que de mañaa siguente que eran prestes de sacar pesquisa et faser todas aquelas deligençias que en elles fosen de faser*[31]. Las condiciones naturales influyen, claro, y es tiempo en el cual la autoridad competente ha de garantizar la seguridad. En Compostela, a 12 de julio de 1416 *dispone el concejo compostelano que as personas que tinan as chaves das portas da dita* çidade *que as fezesen* çarrar *cada noyte porque non viese por elas dano a a dita çidade*[32]. Esta condición muestra una reglamentación del tiempo que en la baja Edad Media se añade a las formas de un estado moderno en construcción haciéndose poco a poco cargo de la seguridad de sus integrantes.

La misma dimensión podemos manejar en el propio tiempo personal, que se ajusta a condiciones varias. Su ajuste ha de ser a lo legal, claro; pero también a una dimensión espiritual menos presente en lo genérico. La noche es tiempo de inseguridades, pero de ellas quizá la más atenazante sea la de vivir el momento último. En 1320, a abril 26, el arcediano de Búbal, Pedro González teme su muerte nocturna y un entierro rápido que le honre como

---

[29] ANDRADE CERNADAS, José Miguel, *O tombo de Celanova: estudio introductorio, edición e índices, (ss. IX-XII)*, vol. 1, Santiago de Compostela, Consello da Cultura Galega, 1995, doc. 118, p. 180.

[30] AHN, Cód. 416 B, f. 153 r. Ed.: PORTELA SILVA, María José, *Documentos da Catedral de Lugo. Século XV*, Santiago de Compostela, Consello da Cultura Galega, doc. 991.

[31] ACO, Notas de Álvaro Afonso, f. 22. Ed.: LÓPEZ CARREIRA, Anselmo, *Libro de notas de Álvaro Afonso: Ourense, 1434*, 2ª ed., Santiago de Compostela, Consello da Cultura Galega, 2005, doc. 68.

[32] RODRÍGUEZ GONZÁLEZ, Angel, *Libro do concello de Santiago (1416-1422)*, Santiago de Compostela, Consello da Cultura Galega, 2000, doc. 4.

debiera: *se eu morrer de noyte que me non soterren logo en outro dia, mais o dia que veer e aa noyte que se sigue que me teñan en mia pousada moyto onrradamente*[33]. La voluntad de ser honrado, velado, rezado por el alma, alarga el tiempo del duelo inmediato, modificando en parte la noción del instante.

La Creación, de sol y luna. Grande Bible historiale complétée à prologues. Vol. I: Genèse-Psautier por Des Moulins, Guyart (1251-13...). Biblioteca Nacional de Francia, France - CC BY-SA .
https://www.europeana.eu/item/780/ark__12148_btv1b10464806q

[33] LÓPEZ CARREIRA, Anselmo, *Documentos do arquivo da catedral de Ourense (1289-1399)*, Santiago de Compostela, Consello da Cultura Galega, 2016, doc. 139, p. 254.

Por contra la luz, al igual que lo era el día, es signo de visión segura, de tiempo conocido, entremezclando lo espiritual con la propia concepción personal. En 1122 Pedro Garini dispone, en Mondoñedo, *qui dedit pro anniuersario suo lumen ad dormitorium et vinum ad celebrandas Missas per totum annum*[34]. Porque con el tiempo, la luz denomina al hogar no solo en lo material (espacio, casa, el calor del hogar), sino en lo conceptual. Es así que los hogares tomaban la denominación de *fuegos*, recordando que la irrupción del hogar en el edificio y su incorporación como elemento material a las casas permite desarrollar la vida más allá de la oscuridad. En Ourense, una preciosa referencia de 1313 permite imaginar la escena: *omnibus aliis bonis meis filium uel filiam uel filios meos, si eos portauerit uxor mea, quod ueniant ad lume*[35]. En definitiva, y en un sentido vecino al que veremos en nuestro estudio, este fuego y las posibilidades que ofrece extienden la noción individual del tiempo.

El tiempo en su concepción privada es, por tanto, susceptible de mejorar su definición en el conocimiento de la sociedad de la Galicia medieval, igual que para otros espacios; y es posible hacerlo, en parte, desde los márgenes de las fuentes primarias. Este ha sido un simple esbozo que tendrá continuidad parcial en las páginas que siguen desde el centro de Compostela y la actividad peregrinatoria, viajera y visitante a ciudad y templo.

Pero antes quiero perfilar brevemente otras cuestiones temáticas de cara al mundo de las ideas y su exploración investigadora para esta Galicia de la Edad Media. Matices de lo personal que, por lo de ahora, habrán de aguardar su lugar, pero que serán susceptibles igualmente de atención futura. Pequeños bocados en torno a las fuentes primarias en la Edad Media gallega, cuya recopilación creo puede ilustrar las anchuras varias del individuo.

2.1.2. *Breve mirada a otros menesteres*

La siguiente recopilación y consideración de referencias es organizada pero breve, ejecutada simplemente a modo de marcapáginas hacia las diversas dimensiones personales que coexisten con la idea del Tiempo y su transcurrir, aun sin ser a continuación objeto monográfico.

---

[34] CAL PARDO, Enrique, *Tumbos del Archivo de la catedral de Mondoñedo. Calendarios. Transcripción íntegra de sus documentos*, Lugo, Servicio de Publicaciones, Diputación Provincial de Lugo, 2005, p. 551.

[35] LÓPEZ CARREIRA, *Documentos do arquivo*, doc. 96, p. 182.

De principio, la misma dimensión que hemos trazado en lo temporal para luz y oscuridad diarias podemos trasladarla a modo de metáfora al carácter personal de bienestar e incomodidad del protagonista; otro tipo de luz y oscuridad, al fin y al cabo. Las dos caras que todos experimentamos en nuestro día a día y cuya definición, en cuanto al individuo medieval, podrá ampliar con mayor exactitud la visión del modo en que afronta sus contextos y encara su existencia.

Luz primero. En la luminosidad aquellas situaciones que ponen al protagonista, hombre, mujer, niña o niño... en una tesitura cómoda, agradable, facilitadora o asumible cuando menos. Aquellos hitos que marcan un círculo de confianza en lo individual y que nos transmiten los cimientos de lo social.

Las redes de solidaridad referenciales para una persona en la Edad Media, generan con cierta frecuencia no solo actos sino transmisiones marcadas por el beneficio mutuo o el deseo de favorecimiento. Como hoy, amistad y amor, marcan en definitiva muchas de ellas. El traspaso de propiedades que hace en 1170 Pedro Fernández nos da ejemplo perfecto de un sentido del agradecimiento que es en realidad el que le mueve: *do et concedo ipsa leria, que facias ibi vinea vel quo labore prestitum erit tibi pro amore vel amicitia que tibi grande agitur. Non demando tibi pro illa nullum precium in nullis diebus*[36].

Ascendiendo un peldaño, la muerte ofrece un punto crítico que genera documentalmente buena parte de las situaciones en las que el o la protagonista intenta cuidar de los que quedan. Es decir, un tiempo que, ante el instante último, permite demarcar no únicamente proximidades en la relación personal sino que nos detalla aquellos contextos que el individuo puede prever como críticos. En 1202, la cláusula final del testamento de un Guillulfo, favoreciendo al monasterio de Santa María de Oseira, no olvida a los más cercanos: *ad Aragunti Arias mando ipsam vineam de sancto Stephano, quantum ibi ambos habemus. Et rogo multum et deprecor vos, domnus abbas Garsia, et conventus monasterii sancte Marie de Ursaria, ut oretis pro anima mea, quia multum confido in vos, et faciatis bene ad Aragunti Arie*[37]. En breve aclaración, Aragonta Arias no se menciona como esposa, ni con mayor relación, pero aunque las fuentes no permiten seguir más, sin duda un tras-

---

[36] ROMANÍ MARTÍNEZ, Miguel, *A colección diplomática do Mosteiro cisterciense de Santa María de Oseira (Ourense)*, vol. 1, Santiago de Compostela, Tórculo, 1989, doc. 49, p. 58.

[37] *Ibidem*, doc. 113, p. 115.

paso propietario, gélido en sus formas, añade aquí la candidez de la relación personal. La expansión económica del siglo XIII, junto con los caminos de lo devocional y el favorecimiento purgatorio a las almas (algo sobre lo que habrá mucho que decir en el futuro), ponen en manos de una institución eclesiástica lo propietario mientras se hace hueco entre sus palabras la relación personal. No a modo de salvaguarda, me parece intuir, sino casi como una petición al monasterio que deja explicando quizás en parte la donación.

¿Cómo interpretar, pues, lo oculto? ¿Cómo entresacar el sentimiento que se agazapa tras lo notarial? He aquí el camino de los márgenes de estas fuentes primarias en las cuestiones diversas del individuo. Y sin embargo una senda clave para comprender a nuestros protagonistas. Decía que hay mucho detrás en las palabras de Guillulfo a Aragonta Arias, y aunque es elucubrar parece intuirse una vida común o de relación cercana. El sínodo mindoniense de 1455 nos ilustra una explicación para otras uniones o separaciones desde lo amplio del período: *ha aconteçido et aconteçe moytas veçes que os que son legitimamente casados se parten huns dos outros, et os que son injustamente casados fican conjuntos*[38]. La condena, se realiza por salirse del control sacralizador de los sacramentos, pero nos trae a primera línea las voluntades individuales.

Estas donaciones, favorecedoras, hacen honor a quien ha estado próximo a uno/a en vida, a quien le ha hecho reír, le ha acompañado en los llantos, le ha alentado en el quebranto y animado en las incertidumbres. A mayores, en ocasiones son las propias limitaciones de la vida, las incertidumbres y la vulnerabilidad, las que generan la proximidad, dejando caer ciertas disposiciones particulares que se enraízan en el devenir íntimo de las dificultades privadas. En 1083, la venta de un Fernando Múñiz a un Pedro Pérez no incluye solo cuestiones materiales: *dau eo Fernando a tibi, Suario, adque concedo, et accepit de te precio que bene nobis complacuit, et insuper in mia vita que vestias me et gubernes me; et pos obitum meum laves me et vestias me et minses me*[39]. No se busca aquí simplemente el beneficio pecuniario de una transmisión propietaria, la riqueza en la moneda... Se persigue certificar la atención en la vejez, un acto económico sostenido por la incertidumbre

[38] GARCÍA Y GARCÍA, Antonio, *Synodicon hispanicum. Galicia: Lugo, Mondoñedo, Orense, Santiago de Compostela y Tuy-Vigo*, Madrid, Biblioteca de Autores Cristianos, 1981, p.

[39] ROMANÍ MARTÍNEZ, *A colección diplomática*, doc. 4, p. 3.

futura: *gubernes me*, dice, en una de las expresiones más descarnadas que he encontrado en la mirada hacia el invierno de la vida.

Esto nos conduce ya a la oscuridad; a momentos complejos, y situaciones equívocas y confusas, que ponen a sus protagonistas al borde del precipicio en cuanto a su ubicación en la sociedad y el mundo. La presencia que se les confiere en las fuentes documentales, aun lateral, marca de igual manera aquello que es verdaderamente importante para su protagonista.

La angustia no es algo exclusivo de nuestro tiempo, como acabamos de comprobar con el caso de Fernando Múñiz. La incertidumbre ante las cuestiones cotidianas, la incerteza acerca de cómo irán las cosas es una situación bien conocida por todos. Cambian en cada tiempo sus motivaciones, según las condiciones y circunstancias particulares, pero dejan ver de fondo incertidumbres semejantes. En 1177 Juan y Eldara Señóriz se dirigen al monasterio de Oseira con una petición clara: *ut nos reciperent in capitulo pro familiares et ut nos aliquid adiuverent in angustiis nostris si forte nobis evenerit*[40]. Las angustias de la vida cotidiana, los recelos varios que cada cual solventa como considera, conducen aquí a la búsqueda de seguridad desde là vinculación a una institución de cierta potencia. El papel del temor y el miedo. Esta es en parte, como es sabido por la historiografía, la explicación de algunas vinculaciones serviles que han conducido a la intensificación de las relaciones feudales desde el sometimiento servil: la inseguridad ante una posible situación social crítica.

Ello por supuesto tiene su extensión evidente a lo productivo. Acuerdos y cesiones varias, han intentado a lo largo de todo el período prever lo que pudiere ocurrir en los vaivenes inciertos, en relación principalmente a aquello que es especialmente imprevisible desde una perspectiva económica: el clima y la peste. Pedro Eanes se lo deja muy claro de nuevo a Oseira, en 1222: *si vero grando vel aliqua pestilentia destruxerit predictam hereditatem itaquod nullo modo possimus solvere predictos reditus, debeo antequam colligam aliquid de fructibus predicte hereditatis ad abbatem vel cellarium vel componere cum eo*[41]. Las posibilidades de desastre son varias y cubrir en previsión las más posibles ofrece sin duda cierta tranquilidad.

Es por ello por lo que se cuida de los seres queridos; es a ellos a quienes se quiere proporcionar la seguridad en la existencia, o al menos las menores

---

[40] *Ibidem*, doc. 54, p. 67.
[41] *Ibidem*, doc. 223, p. 220.

penurias posibles asegurando una vida tranquila incluso ante las necesidades. Un testamento con donación en 1241, hace referencia del donante a *Malioris Pelagii mulieris mee* para advertir una cláusula de reserva: *si talem famem aut talem minguam habet quod non possit excusare eam, vendat illam et impignoret et comedat et bibat*[42].

Lo incierto se traslada así a lo personal en las situaciones más cotidianas. Los individuos intentan domar el desenlace de los tiempos más críticos a través de la actividad legal (testamentos, codicilos), pero claro: nunca se sabe. Nuestro buen Guillulfo preparaba el destino material de *rebus meis* en su testamento de 1202, pero hace cierta salvedad: *mando quod si de ista infirmitate migratus fuero, ista manda sit stabile; et si vixero, faciam quale potuero*[43]. El verso apenas enlazado maravilla al lector, creo, en un juego de palabras vistoso para una manda testamentaria. Por si acaso, al final, salgo de esta.

Partíamos del tiempo y sus primeros engarces, pero en este breve camino personal nos hemos ido oscureciendo, del amor, la proximidad y la dádiva, a la duda. Y ahí del miedo, a la ira, y de ella al lado oscuro de los sentimientos. Esta perspectiva en parte social del individuo y sus ideas es perceptible únicamente desde esos márgenes de la documentación en los cuales las situaciones de presión social son las que generan, sin duda, las reacciones más enconadas y rotundas. En este sentido, hoy día son estudiadas de manera más profunda las formas de la violencia reglamentada o extensa en la sociedad medieval. Me interesan en este caso ciertas formas particulares que se explican a través de tendencias. En un tiempo incierto del siglo XII, Pelayo Gutiérrez quiere enviar como servicial (*servitial*) a un tal Rodrigo, el cual, sin duda, no supo medir sus propias posibilidades:

> Dijo Rodrigo que preferiría que le cortaran las orejas antes que ser enviado como servicial. Y Pelagio Guteriz dijo: «Entonces que te corten las orejas y seas sirviente». Y le cortaron las orejas y fue enviado como servicial[44].

---

[42] *Ibidem*, doc. 482, p. 453.

[43] *Ibidem*, doc. 113, p. 115.

[44] «Roderici quod prius uellet habere aures amputatas quam esse seruitial, et dixit Pelagius Gutteriz: 'ergo amputent tibi aures et esto seruicial', et amputauerunt ei aures et statim misit eum ibi seruitial». Traducción propia, de ed.: LOSCERTALES DE GARCÍA DE VALDEAVELLANO, Pilar, *Tumbos del Monasterio de Sobrado de los Monjes*, vol. 1, Madrid, Dirección General del Patrimonio Artístico y Cultural; Archivo Histórico Nacional, 1977, doc. 351, p. 338.

El tratamiento de la cuestión feudal, de la servidumbre y sus condiciones, tiene todavía muchas páginas por delante en la Europa medieval en general, y en cuanto al reino de Galicia en particular. Las formas del sometimiento, de lo voluntario y lo obligado, al igual que las intensidades varias de esas «libertades intervenidas». Aquí la reacción del servicial, del siervo finalmente mutilado, nos ha de sugerir una cuestión de entidad: hay varias condiciones dentro de la servidumbre. Tan varias en cualquier caso como para que alguien se niegue a un empeoramiento en su condición y como para que quien dispone ejerce una suerte de violencia extrema admitida. No hablamos de algo monolítico en definitiva, aunque su percepción se líquida y se nos escape en ocasiones[45].

No conocemos el sentir de Rodrigo, pero lo que albergaría en su interior no habría de ser agradecimiento. Sino rencor y probablemente, anhelo de venganza (lamento decir que, como tantas otras, queda de nuevo la historia a medias). Pero a mayores, y en lo genérico de la misma manera que ocurría con el afecto, este sentimiento tiene un momento bien perceptible para el medievalista: el testamento. Ese parece ser el momento elegido para ajustar cuentas y que cada uno reciba lo suyo. En 1227 Marina Pérez, en su testamento, hace legado *ad germana mea Sancia Petri* e igualmente *ad sobrinis meis, filiis de Maria Petri*; con una salvedad: *quito filiis de Nuno Pelagii totam hereditatem que fuit de filia mea Marina, que fuit ex parte patris sui Nunoni Pelagii, et de cupas et de archas*[46]. Al otro lado del espejo, hacia quienes se van, la muerte es poderosa; frente a frente con la Eternidad y la divinidad, tiempo de ajuste también hacia uno mismo, en un camino mucho más conocido por la historiografía tanto en general como en cuanto a la Galicia medieval. Juan do Campo lo pide claramente en 1380: *mando a mia alma a meu Sennor Ihesu Christo que a mercou porlla sua santa morte, et peçolle de coraçon, que non queyra catar aos moytos et moy feos pecados que eu senpre fige contra a sua voontade*[47].

---

[45] Se ha aproximado de manera relativamente reciente el estudio: FERNÁNDEZ FERREIRO, Marcos, *Servos e escravos altomedievais no noroeste da Península Ibérica*, Noia, Editorial Toxosoutos, 2010, pp. 43-93.

[46] ROMANÍ MARTÍNEZ, *A colección diplomática*, doc. 289, p. 283.

[47] MANSO PORTO, Carmen, «El códice medieval del convento de Santo Domingo de Santiago (I)», *Archivo Dominicano*, 3 (1982), doc. 1. p. 132. Considera también algún fragmento: ANDRADE CERNADAS, José Miguel, «Los testamentos como reflejo de los cambios de actitud ante la muerte en la Galicia del siglo XIV», *Semata: Ciencias sociais e humanidades*, 17 (2006), pp. 108-109.

Conviene dejarlo aquí por ahora. Las recogidas y brevemente organizadas son, como es evidente, pequeñas aproximaciones puntuales a las cuales les queda mucho por delante. Se trata de recortes breves y retazos que residen en los márgenes de las fuentes primarias y como referencias no centrales en sus disposiciones. Y que sin embargo se alejan de la anécdota, como recoge una intensa historia de las mentalidades de honda tradición y que ha de construirse como social. Su recopilación, su seriación, su interpretación, es la interpretación y delineado de lo individual, pero en un viaje hacia lo colectivo desde una particularidad que no es gratuita, sino que responde a unos condicionantes: mentales, sociales, económicos, políticos.

***

Esta construcción, como hemos visto aún de forma muy preliminar, posibilitará abordar todos estos segmentos como objeto de estudio a modo de sujeto susceptible de definir.

Recogiendo todo lo anterior y optando por una visión monográfica conviene ya centrar el argumento sobre una de tales propuestas desde estos márgenes de las fuentes primarias en la perspectiva del individuo, que ya en su día me pareció notable: la idea que el individuo tiene del Tiempo y su paso en la Edad Media, y la noción que tienen de él aquellos que viajan en oración o peregrinación a Santiago de Compostela.

3
LAS NOCIONES DEL TIEMPO EN LA PEREGRINACIÓN MEDIEVAL JACOBEA

> El historiador detecta que las grandes revoluciones de la Edad Media, un tiempo sin fenómenos revolucionarios que merezcan ser llamados como tales al estilo de los ocurridos después en Francia, Inglaterra o Rusia, ocurrían dentro de cada cabeza.
>
> Tereixa Constenla. «Prólogo» en Jacques Le Goff, *Por otra Edad Media* (Taurus, 2020).

Comencemos por lo general. Dentro de los desplazamientos devocionales de la Edad Media europea, la peregrinación a Santiago de Compostela es uno de los fenómenos más constantes durante todo el período. El grado de intensidad que se le ha atribuido varía en efecto en la historiografía y en realidad es complejo de medir, pero su presencia hasta el siglo xv está lejos de cualquier duda. La cuestión, como ya hemos esbozado, ha sido tratada con extensión suficiente en sus contextos y consecuencias[48]. Pero, igualmente, ofrece todavía amplias posibilidades para quien se aproxime a los principa-

---

[48] Los principales puntos de definición están más o menos asentados desde la tradición del siglo IX, con la llamada *inventio*, la relación con la primera monarquía astur-leonesa y, en expansión del fenómeno, la documentación de las primeras visitas en veneración. Para una recopilación de materiales y líneas, consultar los ya clásicos: Coste Messelière, René de la, «L'Europe et le Pelerinage de Saint Jacques de Compostelle», *Santiago en España, Europa y América*, Madrid, Editora Nacional, 1971, pp. 147-322; Coste Messelière, René de la, *Sur les chemins de Saint Jacques*, Belgique, Perrin, 1993; López Alsina, Fernando, *La ciudad de Santiago de Compostela en la alta Edad Media*, Santiago de Compostela, Ayuntamiento de Santiago de Compostela / Centro de Estudios Jacobeos / Museo Nacional de las Peregrinaciones, 1988.

les condicionantes de la mentalidad tanto individual (quizá especialmente en ella) como colectiva.

Se ha aludido en ocasiones al desprecio del hombre medieval por el tiempo y, en su extensión, a su indiferencia por la duración de sus viajes o desplazamientos. No creo que haya sido así; o, al menos, no siempre. La percepción del tiempo es subjetiva, y extiende sus redes más allá de las formas de medida o del modo de su contabilización. Ese tiempo es la manera en que un individuo se incardina en la sucesión cotidiana de eventos sin solución de continuidad y el modo en que los concibe[49].

Sobre tales contextos, definir las formas fundamentales de la percepción temporal que tienen aquellos que acuden a Compostela en tiempos medievales, a pesar de su presencia tangencial en las fuentes, resulta primordial para comprender la manera en que el protagonista concibe el mundo que le rodea y el modo en que afronta su realidad diaria. Para ello resulta clave comprender la extensión de la forma en que se concibe el tiempo propio, aquel del que se dispone, poniéndolo en relación con la reglamentación oficializadora del fenómeno peregrinatorio y precisando en cierta forma nuestro conocimiento de la mentalidad ya no peninsular, sino en la Europa medieval. Este enfoque nos permitirá a observar y definir no sólo las permanencias, sino igualmente los cambios, en nuestro caso especialmente aquellos ocurridos en torno al siglo XII al hilo de una liturgización en las formas del viaje.

Todo edificando una investigación en torno a la intersección de tres espacios čapitales con relación al mundo medieval: tiempo, viaje y mentalidad. En camino polvoriento hacia Compostela.

3.1. Los viajes devocionales.
La percepción del tiempo hasta mediados del siglo XI

La multiplicidad de tiempos en la Edad Media es bien conocida, aún con el cambio sustancial y en parte homogeneizador que introduce el cristianismo

---

49 Algunas aportaciones también clásicas permiten partir igualmente de las formas de percepción individual y subjetiva del tiempo: IAKOVLEVICH GURIEVICH, Arón, *Medieval popular culture: problems of belief and perception*, Cambridge, Cambridge University Press, 1988; RIBEMONT, Bernard, *Le temps, sa mesure et sa perception au moyen Âge*, Caen, Paradigme, 1992.

desde los inicios del período[50]. Al igual que en relación con otras épocas, sabemos que coexisten percepciones diferentes y simultáneas producidas por condiciones socioeconómicas igualmente variadas; tiempos colectivos en buena medida, tan numerosos como grupos homogéneos se identifican[51]. La cohesión de cada comunidad, marcada por las condiciones comunes que fueren e influida principalmente por el lugar que ocupa en el tejido de la sociedad, le otorga a la colectividad unas características compartidas y, con ello, unos fundamentos comunes a su ritmo de su vida y percepciones[52]. Se considera desde ahí la existencia de tantos tiempos como sectores, en la particularidad de sus actividades y desde la especificidad del tiempo individual. Esta dimensión plural, que no es privativa de la Edad Media sino propia de cualquier época histórica, ha sido señalada de manera más notable, en atención a la Europa medieval, en aquellos tiempos «de la Iglesia» y «del mercader» que etiquetaba Jacques Le Goff[53].

Las páginas a seguir, creo, confirman esta organización sectorial de los conceptos.

3.1.1. *El tiempo del orante en los primeros desplazamientos*

Las primeras formas de desplazamiento a Compostela son poco conocidas, y con poca posibilidad de conocerse. Me refiero a aquellas que tendrían lugar no mucho después del descubrimiento del sepulcro atribuido al apóstol Santiago, lo cual debió de ocurrir a comienzos de la década del 830. Desde ahí, las fuentes conservadas aluden a una promoción regia y las referencias arqueológicas a un primer asentamiento poblacional; y poco más[54]. Sobre esta base, los datos se dispersan, a cuentagotas, a lo largo del siglo IX mientras

---

[50] GARCÍA DE CORTÁZAR, *Historia religiosa*, p. 95; ORTEGA CERVIGÓN, José Ignacio, «La medida del tiempo en la Edad Media. El ejemplo de las crónicas cristianas», *Medievalismo*, 9 (1999), pp. 10-11.

[51] LE GOFF, «Au Moyen Âge», p. 428; Le Goff, *La civilisation*, p. 223.

[52] HALBWACHS, «La mémoire collective», p. 46.

[53] LE GOFF, «Au Moyen Âge», p. 428.

[54] LÓPEZ ALSINA, Fernando, «La invención del sepulcro de Santiago y la difusión del culto jacobeo», *El Camino de Santiago y la articulación del espacio hispánico: XX Semana de Estudios Medievales. Estella, 26 a 30 de julio de 1993*, Estella, Gobierno de Navarra, 1994, p. 59-84; SUÁREZ OTERO, José, «Apuntes arqueológicos sobre la formación del 'Locus Sanctus Iacobi' y los orígenes del Urbanismo medieval compostelano», *Codex aquilarensis: Cuadernos de investigación del Monasterio de Santa María la Real*, 15 (1999), p. 11-42.

el poblamiento va tomando una forma inicial en torno al edículo. No hay alusión todavía a desplazamientos venerativos propiamente dichos. Evidentemente, cualquier viaje al núcleo incipiente, hubo de corresponder en este momento bien a una curiosidad por aquello que se había descubierto, bien a la voluntad de oración en un espacio que empezaba a ser sacralizado; pero igualmente su protagonista sería una población de residencia relativamente cercana.

Será a partir del siglo x cuando empecemos a documentar ya testimonios de unos primeros viajes oratorios y devocionales, con procedencia de más allá de los Pirineos. De alguno de sus actores conservamos nombre u origen, como el «*franco*» Bretenaldo, edificador de una casa en el entorno del núcleo primitivo hacia el año 971[55], o un monje anónimo del monasterio de Riechenau[56]. Dos referencias tempranas que aun en cierta indefinición empiezan a documentar la presencia foránea. Gentes que, desde sectores diversos y procedencias variadas, habrían abandonado su lugar de residencia para acudir en veneración al sepulcro que se custodiaba en Compostela. No hemos de detenernos mucho más en ellos, pues no es el flujo del viaje lo que nos interesa.

A partir de aquí, aun sobre informaciones fragmentadas en fuentes notariales o cronísticas, los desplazamientos hacia la ciudad empiezan a ofrecer unas formas particulares en motivación, espacio y tiempo, especificando generalmente, ahora ya sí, la finalidad de la oración y el culto. La voluntad de veneración oratoria, aparece aquí generalmente formulada como *causa orationis*, y se extiende de manera común durante los primeros siglos del fenómeno, condensando una importante carga de espiritualidad y voluntad de patronazgo personal desde la veneración[57].

---

[55] Es esa *in Compostella, corte que fuit de Bretenaldo franco cum suis ortalibus*, que figura en un diploma del cartulario del monasterio de Santa María de Sobrado. LOSCERTALES, *Tumbos del Monasterio de Sobrado*, doc. 112, p. 138. Analiza el documento: LÓPEZ ALSINA, *La ciudad*, p. 95.

[56] HERBERS, Klaus, «El primer peregrino ultrapirenaico a Compostela a comienzos del siglo X y las relaciones de la monarquía asturiana con Alemania del Sur», *Compostellanum*, 36 (1991), p. 257; RUCQUOI, Adeline, «Trece siglos por los caminos de Santiago», *Revista chilena de Estudios Medievales*, 4 (2013), p. 94.

[57] DÍAZ Y DÍAZ, Manuel C., «La espiritualidad de la peregrinación en el siglo XII», en DÍAZ Y DÍAZ, Manuel C., *De Santiago y de los Caminos de Santiago*, Santiago de Compostela, Xunta de Galicia, 1997, p. 249.

Así acuden a esta primera Compostela personajes diversos. Es el caso del monarca Ramiro II en 934[58], el obispo Gotescalco de Le Puy en 950-951[59], o el conde Raimundo de Borgoña y su esposa doña Urraca en 1095[60]. Nos dedicaremos a ellos con más profundidad, pero señalemos por ahora la finalidad de rezo personal ante el sepulcro apostólico en la basílica compostelana.

Esta precisión oracional no me parece superflua, pues no siempre será así, y creo que condensa ciertas implicaciones. En primer lugar, desde las formas generales de aquello que parte de la historiografía ha dado en conceptualizar como *homo viator*, un individuo en camino con unas características más o menos marcadas en este primer momento, que se mantendrán hasta la culminación de la geografía sacra europea hacia el siglo XI[61]. Estas formas se vinculan a la significación amplia, y sin embargo muy concreta, de *peregrinus*, en equivalencia todavía al forastero, aquel que se encuentra en viaje[62]. La procedencia del concepto hunde sus raíces en el derecho romano, y figuraba ya con tal sentido en la legislación imperial para mantenerse hasta la legislación carolingia[63]. En estos desplazamientos el componente devocional oratorio juega un papel destacado como estímulo, de manera que la voluntad de veneración del sepulcro atribuido a Santiago extiende este primer momento su influencia como motor de los desplazamientos jacobeos hasta mediados del siglo XI[64].

---

[58] ACS, CF34, f. 12v. Edición en: LUCAS ÁLVAREZ, Manuel (ed.), *Tumbo A de la Catedral de Santiago*, Santiago de Compostela, Cabildo de la SAMI Catedral / Seminario de Estudios Galegos, 1998, doc. 40, pp. 110-112.

[59] BNF Latin 2855, f. 69v-70r.

[60] ACS, CF34, f. 28v. Ed. *ibidem*, doc. 74, pp. 171-172.

[61] PLÖTZ, «Homo viator», p. 274; GARCÍA CORTÁZAR, José Ángel, «El hombre medieval como «homo viator»: peregrinos y viajeros», en Iglesia Duarte, José Ignacio de la (coord.), *IV Semana de Estudios Medievales. Aspectos en torno al Camino de Santiago en la Edad Media. Nájera, 2 al 6 de agosto de 1993*, Logroño, Instituto de Estudios Riojanos, 1994, p. 21-30.

[62] PLÖTZ, Robert, «La *peregrinatio* como fenómeno Alto-Medieval», *Compostellanum*, 29 (1984), p. 240. Completan: BARREIRO GARCÍA, Ana M., «La condición jurídica del peregrino», *Iacobvs. Revista de estudios jacobeos y medievales*, 13-14 (2002), pp. 62-63; GALLEGOS VÁZQUEZ, Federico, «Los peregrinos. Definición jurídica», *Compostellanum*, 49 (2004), pp. 397-402; GALLEGOS VÁZQUEZ, Federico, *Estatuto jurídico de los peregrinos en la España medieval*, Santiago de Compostela, Xunta de Galicia, 2005, pp. 54-58.

[63] En torno a origen y evolución: CREMADES UGARTE, Ignacio, «Peregrino: extranjero y ciudadano. Reflexiones sobre *peregrinus* antiguo y peregrino medieval», *Iacobvs. Revista de estudios jacobeos y medievales*, 21-22 (2006), pp. 47-76.

[64] GARCÍA DE CORTÁZAR, José Ángel, «Viajeros, peregrinos, mercaderes, en la Europa medieval», en *XVIII Semana de Estudios Medievales Estella, 22 a 26 de Julio de 1991. Viajeros, peregrinos,*

Esta motivación *causa orationis* para el viaje a Compostela tiene una consecuencia directa en el tiempo, no tanto en aquel del que se dispone sino de cómo se concibe. La disposición depende, es cierto, de las condiciones personales de cada uno, de sus ocupaciones o condiciones. Pero, en cuanto a la noción, el viaje que el orante emprende no debe extenderse más allá de lo estrictamente necesario para su fin: el rezo final. El individuo intenta incluso acortarlo en lo posible y regresar cuanto antes a sus quehaceres. Trasluce un condicionante teológico: lo esencial de este desplazamiento es la llegada al edículo; una vez ahí, la oración y veneración sin mayor dilación; y a continuación el regreso. Es el fin lo que prima; no el itinerario.

Las referencias documentales que podemos recopilar, especialmente aquellos testimonios de mayor detalle, nos permiten definir de manera más segura la cuestión, pues aluden en efecto a un trayecto lo más rápido y directo posible tratando de ahorrar el tiempo invertido. El primer testimonio es el del monarca Ramiro II. En la donación que realiza a la iglesia de Santiago en 21 de febrero de 934 indica su presencia en la ciudad *advenientes aule beati Iacobi orationis causa*, abriendo una corriente relativamente documentada de desplazamientos[65]. La presencia del obispo Gotescalco de Le Puy poco después, en 950-951, presenta unas líneas semejantes, pero más detalladas. La conocemos a través del prólogo con el que el copista Gómez, del *scriptorium* del monasterio de Albelda, introduce su copia del tratado *De Virginitate Sanctae Mariae* del obispo san Ildefonso de Toledo[66]. El traslado se realiza en el año 951 por un encargo que el propio Gotescalco comisiona en la ida de su trayecto a Compostela, para recogerlo a su vuelta y llevárselo a Aquitania. Su viaje hubo de ser, por tanto, levemente anterior:

> Gotiscalco episcopo, qui gratia orandi egressus a partibus Aquitaniæ, deuotione promtissima, magno comitatu fultus ad finem Gallecie pergebat concitus, Dei misericordiam sanctique Iacobi apostoli suffragium humiliter imploraturus, libenter conscripsi libellum a beato Ildefonso toletane sedis episcopo dudum iaculentissime editum.[67]

---

mercaderes, en la Europa medieval, Pamplona, Gobierno de Navarra, 1999, p. 36. Hace especialmente hincapié, en el marco de la tradición altomedieval: LÓPEZ ALSINA, *La ciudad*, pp. 192-193.

[65] ACS, CF34, f. 12v. Ed. LUCAS, *Tumbo A*, pp. 111-112. Podemos matizar que no nos importa la historicidad de su viaje, sino la documentación de su origen y condición del desplazamiento; incluso desde una copia posterior, como es la del compostelano Tumbo A.

[66] BNF Latin 2855, f. 69v-70r.

[67] BNF Latin 2855, f. 69v-70r.

Expedición militar a Compostela. Carlomagno y su ejército en el Códice Calixtino, copia de Salamanca (s. xiv). Lic. CC.

Expedición marítima cruzada a Mahdia, 1390. British Library, Harley 4379, f. 60v. Lic. CC.

Su visita obedece a una motivación claramente devocional y se realiza en un recorrido expeditivo y con poco detenimiento. De la misma manera, tras recoger el volumen solicitado, regresa raudo en mitad del invierno y bajo los rigores climáticos de la estación más desfavorable: *transulit enim hunc libellum sanctissimi Gotiscalcus episcopus ex Spania ad Aquitaniam, tempore iemis diebus certis Ianuarii uidelicet mensis*[68]. El contexto de su desplazamiento es evidente. El trayecto, aunque marcado quizá por un quehacer personal, se apura en lo posible, sin conferir al mismo más valor que el de alcanzar el objetivo final: orar ante el sepulcro jacobeo. No es una peregrinación todavía, tal y como luego la entenderemos de manera estricta, sino un desplazamiento personal sobre el fin determinado de la oración en un punto concreto. Y en todo ello el tiempo se concibe como un bien precioso que es posible ahorrar, sobre la importancia exclusiva de la meta.

---

[68] BNF Latin 2855, f. 71r.

Igual matiz parece mostrar la concurrencia en el año 1045 de la infanta Fronilde, hija del conde Fernando Bermúdez y esposa de Ordoño, vástago del fallecido monarca leonés Bermudo II. La donación que el obispo iriense Cresconio hace a Fronilde de un solar en la ciudad de León, a día 9 de enero de dicho año, alude a su viaje: *uenit ad ipsum locum apostolicum, causam orationis*[69]. Tampoco hay aún referencia a un motivo peregrinatorio como tal; la infanta simplemente *uenit*.

Esa finalidad del trayecto puede compartir relación con ciertas festividades litúrgicas especialmente señaladas, desde la voluntad de llegar y presenciar una celebración determinada. Conservamos noticia del desplazamiento realizado en el año 1095 por el arzobispo de Lyon, Hugues de Die o Bourgogne, legado pontificio en 1075 y arzobispo desde 1090[70]. Su periplo figura recogido en el *Chronicon Virdunense seu Flaviniacense* elaborado por el abad Hugues de Flavigny (1064-1111)[71] y su noticia, relativamente completa, es suficiente para nuestro objeto:

> Eo quoque die domnus Lugdunensis archiepiscopus iter arripuit ad Sanctum Iacobum, honesto clericorum et laycoruym comitatu decoratus, et apud Anicium tribus diebus remoratus, cum maxima difficultate ab eisdem avulsus est, cum convenissent ibi quamplures religiosi ad retinenedum eum. Venit ad Sanctum Iacobum imminente vigilia diei sancti Pentecostes, et in die sancto missarum sollempnia ad altare sancti publica celebravit, astante episcopo et clero populoque infinit. In crastinum accepta a sancto licentia, destinavit sua reddire, et venit Lugdunum die 3 ante nativitatem sancti Iohannis baptiste[72].

---

[69] ACL, Cod. 11, f. 263r. Edita: RUIZ ASENCIO, José Manuel, *Colección documental del Archivo de la Catedral de León (775-1230). IV (1032-1109)*, León, Centro de Estudios e Investigación «San Isidoro», p. 191. En torno a la presencia de la infanta ver: GARCÍA ÁLVAREZ, Rubén, «La infanta Fronilde, peregrina a Compostela», *Compostellanum*, 9 (1964), pp. 173-187.

[70] La investigación más reciente y completa sobre el personaje es la tesis inédita BOLLENOT, Gilles, *Un légat pontifical au IXe siècle. Hugues, évêque de Die (1073-1082), primat des Gaules (1082-1106)*, Université de Lyon, Faculté de Droit et des Sciences économiques, 1973.

[71] SzB, Ms. Phillips 1870 y 1874. Dos manuscritos que formaron parte del mismo códice perteneciente al Colegio de los Jesuitas de Clemont en 1642. En torno a la crónica: LAWO, Mathias, *Studien zu Hugo von Flavigny*, Hannover, Hahnsche Buchhandlung, 2010, pp. 93-282. Editado en: PERTZ, Georgius Henricus (ed.), *Monumenta Germaniae Historica*, Scriptorum t. VIII, Hannoverae, Impensis Bibliopolii Aulici Hahniani, 1868, pp. 280-503.

[72] *Ibidem*, p. 474.

Más allá de la literalidad, nos interesa aquí la forma de las ideas. Cuando Hugues emprende el camino hacia Santiago se ve detenido por tiempo de tres jornadas en la localidad occitana de Lo Puèi de Velai (*remoratus*, indica significativamente el texto) alcanzando finalmente la ciudad de Compostela a tiempo para la celebración solemne de Pentecostés. La puntualización del retraso, su percepción como tal, remite a la propia importancia del tiempo invertido y especialmente a la voluntad lógica de una llegada rápida. De nuevo, al igual que en el caso de Gotescalco, se constata con una partida rauda, pues el regreso es inmediato una vez cumplido el objetivo. Y así, la estancia en la ciudad no se demora ni un día más de lo necesario, pues el prelado habría retornado a Lyon a la mañana siguiente.

Esta finalidad oratoria que marca el rápido itinerario alcanza sin duda el siglo XII, y con ella esta corta percepción individual del tiempo en la voluntad de acelerar lo más posible el tránsito. En el privilegio que el conde Raimundo de Borgoña y su esposa, la futura reina Urraca, conceden a los mercaderes de Compostela en 24 de septiembre de 1095, se refiere su desplazamiento a la ciudad: *cum causa orationis ad sedem domni Iacobi uenissemus*[73]. La indicación figura igualmente en el trayecto previsto en 1138 por el rey de León, Galicia y Castilla Alfonso VII para orar en Santiago, aunque con cierto matiz. Su crónica, la llamada *Chronica Adefonsi Imperatoris*, coetánea al reinado y compilada entre 1153 y 1157, destaca: *ire disposuit ad Sanctum Jacobum causa orationis, quod postquam explevit, sicut voverat, reversus est*[74]. No hay determinación concreta del tiempo de regreso, pero la redacción del pasaje deja ver su inmediatez; como es, por otra parte, lógico, en los quehaceres personales de la monarquía. La misma fuente indica la disposición orante del conde Alfonso Jordán, nieto de Alfonso VI, que emprende su travesía a Santiago en 1140: *peregrinus veniebat per viam regiam ad Sanctum Jacobum causa orationis*[75]. Las referencias continúan ilustrando unos desplazamientos en los cuales sus protagonistas centran su objeto exclusivo en la oración.

La crónica conocida como *Historia Compostelana*, finalizada cc. 1149 y que da cuenta del tiempo del prelado compostelano Diego Gelmírez (1100-1139/40), redunda en este mismo sentido. Es cierto que en ella las menciones

---

[73] ACS, CF 34, f. 28v. Ed. Lucas, *Tumbo A*, p. 171.

[74] *Chronica Adefonsi Imperatoris*, en FLOREZ, Henrique (ed.), *España Sagrada. Theatro geographico-historico de la iglesia de España*, Madrid, Antonio Marín, 1766, p. 352.

[75] *Ibidem*, p. 353.

a la peregrinación son más bien contadas, más preocupada probablemente por el matiz político, pero alguna nota suelta permite seguir el concepto. Más allá de alguna alusión, probablemente exagerada, a la intensa corriente de peregrinos que visitan la sede[76], la referencia puesta en boca de unos *hismaelitas nuntios* que llegan a Santiago parece más ilustrativa. Cuando

> *uident peregrinos christicolas quam plures ad beatum Iacobum orationis causa euntes et redeuntes* se preguntan: *quisnam, inquiunt, iste est quem christianorum multitudo tanta frequentat deuotione? Qui iste tantus et talis quem innumeri christicole transpirenei et citra repetunt oratione gratia?*[77].

De nuevo, nos importan las ideas operativas. La mención se hace en efecto a *peregrinos*, como aquella de Alfonso Jordán, pero mantiene todavía el concepto de foráneo en viaje, es decir: una corriente más o menos numerosa de oriundos o transpirenáicos que van y vienen con rapidez en aras de una devoción que tiene la oración ante el sepulcro jacobeo como meta[78].

Más allá de lo individual contamos también con cierto testimonio grupal en la centuria. En el año 1189 la expedición militar que acudía desde Inglaterra a la Tercera Cruzada alcanza las costas de Galicia. La empresa se recoge en la *Narratio de itinere navali peregrinorum Hierosolymam tendentium et Silviam capientium*, redactada por uno de sus integrantes[79]:

> Quarto decimo, id est in vigilia Johannis Babtiste, et ipso festo valido flatu velis turgentibus in vespera diei sancti ad portum venimus Tambre, que est aqua fluens per Galiciam. Ibi relictis navibus, per longam dietam regressi, limina sancti Jacobi, que iam transsieramus, visitavimus. In eundo autem et redeundo et moram in portu pro ventorum prestolatione faciendo [VIII] dies peregimus[80].

El contingente militar, tras arribar al río Tambre, se habría dirigido a pie a Compostela. Las alusiones a idas y venidas devocionales por los caminos

---

76 FALQUE, Emma, «Las peregrinaciones a Santiago en la *Historia Compostelana*», *Compostellanum*, 43 (1998), pp. 589-590.

77 La narración del episodio se produce en el libro HC II, 50.1, en ed.: FALQUE REY, Emma (ed.), *Historia Compostelana*, Tvrnholti, Brepols, p. 307.

78 De igual manera se recoge la presencia de un familiar del papa Calixto II, que en torno a 1120 «*causa orationis ecclesiam beati Iacobi adibat*». *Ibidem*, p. 237.

79 BAST, MM. V. 11. Editado en: DAVID, Charles Wendell, «Narratio de Itinere Navali Peregrinorum Hierosolymam Tendentium et Silviam Capientium, A. D. 1189», *Proceedings of the American Philosophical Society*, 81/5 (1939), pp. 591-676.

80 BAST, MM. V. 11, f. 5r-v.

del entorno no son desconocidas en este tiempo. La acotación que Alfonso Anaya realiza en 1165 del hospital compostelano y leprosería de San Lázaro, alude a *tota illa uia et camino per quod ueniunt et redeunt peregrini beati Iacobi*[81]. Pero en el relato de los cruzados, al igual que en aquel de Hugues de Dieu *remoratus,* el concepto de retraso es clave: *ibi relictis navibus, per longam dietam regressi, limina sancti Jacobi, que iam transsieramus, visitavimus.* El centro de culto es lo suficientemente destacado como para que una compañía de tal entidad, y con fines militares, desvíe su ruta y vuelva sobre sus pasos. Pero igualmente la premura acelera el ritmo del viaje, en la necesidad de regresar lo antes posible al camino original una vez realizada la veneración compostelana. El tiempo importa; e importa tanto que se reduce.

Las referencias que hemos podido recopilar en el largo desarrollo de los siglos X al XII, ofrecen pues una corriente de desplazamientos sobre un motivo oratorio que alcanza con vigor el final del siglo XII. Denominados *peregrinus* algunos, aunque en un sentido todavía altomedieval del término: viajero que circula por tierra ajena, y aquí con finalidad devocional.

3.1.2. Viajero, liturgia y peregrino

El desplazamiento, su noción temporal, se inserta pues en una concepción rasa de lo devocional; completa pero rotunda: la oración. Pero a la par, y en un proceso documentado desde el siglo XI, empieza a abrirse paso otra forma más completa y definida de periplo: el de la peregrinación propiamente dicha. Toman forma a partir de aquí modos nuevos, conviviendo ambas prácticas y perspectivas desde el siglo XII en adelante[82].

La diferencia conceptual entre viajero y peregrino no es sencilla y ha sido debatida ya en ocasiones por la historiografía centrada en la cuestión medieval[83]. El desplazamiento por motivo devocional se entremezclaba en ocasiones con finalidades diversas, y las distintas motivaciones de la peregrinación han sido enfocadas ya desde puntos de vista múltiples. Constance Mary Storrs recogía, hace algún tiempo, el origen variado de las presen-

---

[81] De un «original de Sar», se edita en: LÓPEZ FERREIRO, Antonio, *Colección Diplomática de Galicia Histórica*, vol. 1, Santiago de Compostela, Tipografía Galaica, 1901, p. 78.

[82] PLÖTZ, «La *peregrinatio* como fenómeno», p. 240.

[83] Se acerca, en perspectiva: ANDRADE CERNADAS, José M., «¿Viajeros o peregrinos? Algunas notas críticas sobre la peregrinación a Santiago en la Edad Media», *Minius*, 22 (2014), pp. 11-31.

cias individuales y colectivas en Compostela, dando cuenta de sus múltiples orígenes causales, al igual que antes habían hecho Philippe Contamine y Jacques Paviot en torno a la nobleza francesa bajomedieval[84]. La cuestión se oscurece, en efecto, porque no es constante en cuanto a la propia consideración teológica de los motivos peregrinatorios en el período, y además la actividad en sí misma no deja por lo general testimonio escrito[85]. Es cierto que lo que aquí nos interesa no es tanto la visión teórica como la práctica, desde la determinación concreta que el protagonista nos ofrece para el origen su periplo, pero conviene una cierta lectura de lo doctrinal, pues será la que nos permita comprender la liturgización progresiva y, con ella, la influencia sobre la forma en que el individuo entiende y concibe el tiempo del que dispone.

Llegados a este punto, la exégesis bíblica ya había ofrecido, en relación a determinados espacios geográficos, concepciones diferentes del trayecto oracional no sólo físico sino espiritual. Tal desarrollo viene a establecer la convivencia teológica de dos vertientes. Por una parte, consta la noción de un viaje corporal que se recorre hacia lo desconocido y en el cual su protagonista se embarca *acompañado por* Dios. El Códice Calixtino, que desgranamos más ampliamente, ya lo fija sin duda en la recepción del peregrino: «quienquiera que los recibe y diligentemente los hospeda, no sólo tendrá como huésped a Santiago, sino también al señor, según sus mismas palabras al decir en el evangelio: 'El que a vosotros os recibe a mí me recibe'»[86]. Pero a mayores, también la de una ruta espiritual que, a la par, se emprende *hacia* Dios: el recorrido físico hacia un lugar en el cual el individuo se encontrará con la divinidad[87].

---

[84] CONSTANCE, Mary Storrs, *Jacobean Pilgrims from England to St. James of Compostela From the early twelfth to the late fifteenth century*, Santiago de Compostela, Xunta de Galicia, 1998, p. 55ss. CONTAMINE, Philippe; PAVIOT, Jacques, «Nobles français du XVe siècle à Saint-Jacques en Galice. Motivations et modalités du pèlerinage», *Ad limina. Revista de investigación del Camino de Santiago y las peregrinaciones*, 3 (2012), pp. 119-132.

[85] Se ha dedicado HONEMANN, Viker, «Motives for Pilgrimages to Rome, Santiago and Jerusalem in the later Middle Ages», en Paolo CAUCCI VON SAUCKEN (ed.), *Santiago, Jerusalén, Roma. Actas del III Congreso Internacional de Estudios Jacobeos*, Santiago de Compostela, Xunta de Galicia, 1999, especialmente en pp. 177-178 y 180.

[86] MORALEJO, Abelardo; TORRES, Casimiro; FEO, Julio (trads.), *Liber Sancti Iacobi. Codex Calixtinus*, Santiago de Compostela, Xunta de Galicia, 2004, p. 503.

[87] DYAS, Dee, «The pilgrimage in medieval England. History, literature and tradition», en Carlos Andrés GONZÁLEZ PAZ (ed.), *Mujeres y peregrinación en la Galicia medieval*, Santiago de

Desde esta base teórica, la oración empezó a ser encajada en las formas del trayecto, de manera que los propios protagonistas fueron poco a poco dotando de contenido litúrgico al desplazamiento, hasta tomar dar lugar a una circulación religiosa reglada. El complemento final, definido principalmente entre la segunda mitad del siglo XI y la primera del XII, será la finalidad purgatoria; un recorrido y veneración cuyo cumplimento limpiará los pecados cometidos[88]. Es cierto que la peregrinación penitencial figuraba ya anteriormente entre los usos devocionales, pero experimenta ahora una reorientación en sus formas y objeto, tomando un rumbo en dirección a determinados centros y espacios destacados y sobre formas específicas[89].

Es esta última acepción la que se materializa paulatinamente en los lugares de peregrinación, partiendo de una veneración no propiamente trinitaria sino de devoción a algún santo particular; Santiago en este caso. Y en torno a nuestro objeto, Fernando López Alsina ha ofrecido mayor concreción en el cambio que nos interesa, cifrando hacia el ecuador del siglo XI la introducción de cierta diferencia ya individualizadora del *peregrinus* a Compostela con la reserva del propio término para los desplazamientos religiosos relativamente reglados o definidos[90].

Esta ampliación de la *peregrinatio ad loca sancta* deriva sin duda de una re-significación abierta desde mediados del siglo XI y que intensificaba las perspectivas de aquel *homo viator*[91]. Sabemos que la categoría de «peregrino» da cobijo a condiciones variadas pero ahora ensancha progresivamente su contenido hasta modelar un viaje marcado por una liturgia y dimensión

---

Compostela, Consejo Superior de Investigaciones Científicas, 2010, pp. 133-134. En torno a las formas de la espiritualidad de la peregrinación, con mayor enfoque hacia Compostela, ver: HERBERS, Klaus; PLÖTZ, Robert, «Einführung: Spiritualität del Pilgerns im christlichen Westen», *Spiritualität des Pilgerns*, HERBERS, Klaus y Robert PLÖTZ (dirs.), Tübingen, Gunter Narr Verlag Tübingen, 1993, p. 7-24.

[88] CREMADES, «Peregrino: extranjero y ciudadano», p. 85.

[89] ORLANDIS, José, «Las peregrinaciones en la religiosidad medieval», *Príncipe de Viana. Anejo*, 2-3 (1986), p. 609. El proceso que se inicia tiene su traducción en la institucionalización paralela de la hospitalidad relativa a los peregrinos, durante el mismo lapso de 1050-1150. RUCQUOI, Adeline, «'Hospites seu Peregrini': itinerarios de peregrinación en la alta Edad Media (850-1150)», *Iacobus: revista de estudios jacobeos y medievales*, 29-30 (2011), pp. 32-33.

[90] LÓPEZ ALSINA, *La ciudad*, p. 193.

[91] PLÖTZ, Robert, «*Peregrinatio ad Limina Sancti Jacobi*», en *The Codex Callixtinus and the Shrine of St. James*, John WILLIAMS, Alison STONES (eds.), Tübingen, Gunter Narr Verlag Tübingen, 1992, p. 38. Igualmente en: PLÖTZ, «Homo viator», p. 274.

propias. El texto de un supuesto libro *Laude cœnobii Anianensis*, del abad Pedro de Joncels, aun sin resultar demasiado concreto y de una tradición textual oscura, nos sirve para recoger unos tipos peregrinatorios particulares que alcanzan el siglo XVIII. El *Glossarium ad scriptores Mediae et Infimae Latinitatis* de Charles du Fresne nos transmite su contenido:

> Peregrinantes in tres clases dividuunt: prima est eorum qui sanctorum oratoria pietatis causa frequentant; altera poenitentium, quibus peregrinatio in poenam indicta est, vel qui sponte eam suscipiunt; tertia morientium, qui in loco sancto sepulturam eligunt[92].

En cualquier caso, en este tránsito hacia el siglo XII continúa la designación del extranjero, el foráneo, el hollador de tierra extraña, pero se incide ya en otros modos[93]. Es quien se aparta del mundo, aun entrando en sus caminos, en un itinerario devocional; y a la par es también quien cumple una penitencia impuesta, tanto canónica como el reo judicial[94]. En definitiva: los protagonistas del viaje componen ya un grupo enormemente heterogéneo[95].

La tradición de movimiento devocional, por tanto, ocupa ya en la larga dimensión de los siglos XI y XII estas dos esferas: la oratoria, y la peregrinatoria[96]. Si aplicamos esta vertiente teórica a los desplazamientos que tienen a Santiago de Compostela como destino se evidencia el cambio. La primera de ellas presenta una mayor presencia en la peregrinación sostenida apenas

---

[92] FRESNE DU CANGE, Charles du, *Glossarium ad scriptores Mediae et Infimae Latinitatis*, Basileae, Fratres de Tournes, 1762, col. 210.

[93] BLAZY, Adrien, «Pèlerin, vagabond et droit au Moyen-Âge: l'important ce n'est pas le voyage mais la destination», en CONDÉ Lycette (dir.), *Variations juridiques sur le thème du voyage*, Toulouse, Presses de l'Université Toulouse, 2015, pp. 31-33.

[94] SIGAL, Piere André, «Les differents types de pelerinages», en *Santiago de Compostela, 1000 ans de pèlerinage européen*, Gand, Centrum voor Kunst en Cultuur, Abbaye Saint-Pierre, 1985, p. 97-99.

[95] ÁLVAREZ PALENZUELA, Vicente Ángel, «Fundamentos espirituales y manifestaciones religiosas en el Camino de Santiago», en GARCÍA TURZA, Javier (coord.), *El Camino de Santiago y la sociedad medieval*, Logroño, Ayuntamiento de Logroño / Instituto de Estudios Riojanos / Gobierno de La Rioja (Colección Logroño, 25), 2000, p. 83; GARCÍA DE CORTÁZAR, «Viajeros, peregrinos, mercaderes», p. 35.

[96] La diferencia entre ambas nociones ha generado cierta incertidumbre. Véase: NÚÑEZ RODRÍGUEZ, Manuel, «Reflexión sobre el Pórtico del Paraíso en concurrencia con el peregrinaje», *Anuario Brigantino*, 31 (2008), p. 304. De manera más reciente, aludía, en torno a ciertas fuente portuguesas: BARROS DÍAS, Isabel, «Relatos de peregrinação a Santiago de Compostela em contexto mendicante: S. Francisco, Fr. Gil e Sta. Isabel», *Ad Limina. Revista de investigación del Camino de Santiago y las peregrinaciones*, 11 (2020), p. 125.

desde la *inventio* y formulada en la *causa orationis*, incidiendo sobre aquel desplazamiento todavía no reglado hacia la piedad. La segunda está precisamente en configuración en esta plena Edad Media, con unas líneas de culto en las cuales el viaje *causa peregrinationis*, ya medido, no solo promueve la devoción a un santo sino que, a través del transcurso del desplazamiento, purifica el alma y limpia los pecados cometidos. En lo jacobeo veremos referencias concretas desgranadas en torno a la idea de tiempo, pero podemos señalar que tal definición paulatina parece ofrecer una forma más o menos final en el periplo del rey de León y Galicia Alfonso IX, en el año 1211, con motivo de la consagración de la nueva catedral compostelana y recogido en la concesión de las rentas de A Coruña: *veniens ad Sanctum Iacobum causa peregrinationis*[97].

En cualquier caso, en torno a ambas formas de concebir el culto circulan toda una serie de concepciones de materialidad y sentido que trascienden lo teórico o lo teológico[98]. Y en lo concreto, ambas moldean también dos percepciones del tiempo diferentes que se relacionan con el cambio documentado. Pues cuando el viaje no se emprende ya *causa orationis* como hicieran Gotescalco, Hugues, Raimundo de Borgoña y la reina Urraca, o Alfonso Jordán, es decir, cuando la propia causa es la *peregrinatio*, el tiempo que se invierte en ella se flexibiliza y amplía notablemente.

3.2. La peregrinación. La noción del tiempo y los cambios del siglo XII

En el contexto general, los diversos estudios culturales, han marcado las nuevas formas de la sociedad y la mentalidad europeas del siglo XII como pivote clave para comprender la Edad Media[99]. Una bisagra sobre la que comprender la herencia de aquello que se recibe y, desde una intensa expan-

---

[97] ACS, CF33, f. 137r. Ed.: GONZÁLEZ BALASCH, M. Teresa (ed.), *Tumbo B de la catedral de Santiago*, Santiago de Compostela, Cabildo de la SAMI Catedral / Seminario de Estudios Galegos, 2004, p. 353.

[98] Existe una historiografía relativamente profunda en torno a esta materialidad propia; ver: PLÖTZ, Robert, «Indumenta peregrinorum», *Peregrino: revista del Camino de Santiago*, 11 (1989), pp. 18-21.

[99] MAZEL, Florian, «Un, deux, trois Moyen Âge… Enjeux et critères des périodisations internes de l'époque médiévale», *Atala. Cultures et sciences humaines*, 17 (2014), p. 101-113.

sión evidente de la sociedad y la producción, aquello que en el mundo de las ideas va tomando forma.

El siglo XII en Galicia acoge una sociedad feudal en plena organización. Su trayectoria se había iniciado ya en torno al siglo IX, en aquella época que Ermelindo Portela ha definido como de los «poderes locales»[100]. Desde ellos, con una monarquía en construcción, las atribuciones que reciben las aristocracias gallegas edifican, poco a poco, una sociedad sobre la dependencia y la servidumbre. El lapso IX-XI no hará sino difundir y asentar estas líneas en torno a la sociedad campesina, cierto; pero además pulirá sus entramados de manera que la vinculación empieza a producirse entre capas más elevadas de la sociedad, explicando la evolución, entre los segmentos privilegiados, del vasallaje desde el siglo XI.

El territorio se intensifica en su organización política y señorial, a la par que expande su articulación social y económica al calor de una expansión productiva. Estos son quizá los matices más visibles del momento y, desde luego, son los que la historiografía más ha visitado; no sólo para el noroeste sino a nivel europeo. Pero otros se sugieren en las ideas; cambios que afectan a la forma en que el individuo encara su día a día desde aquello que piensa o aquello que, de manera inconsciente, ha arraigado ya en su cabeza.

Hacia nuestra materia, y sin necesidad de detenernos más, ese mismo tejido permite interpretar, en el tránsito de los siglos XI y XII, un impulso definitivo a la trascendencia del desplazamiento venerativo. Es ahora cuando las potentes y sostenidas iniciativas de renovación eclesiástica que se había producido o estaban en ello, nominalmente las reformas cluniacense y gregoriana, infunden un nuevo sentido espiritual a aquellos viejos desplazamientos para superar la circulación directa de la oración devocional[101]. Los

---

[100] Ver por ejemplo PORTELA SILVA, Ermelindo, «El rey y los obispos. Poderes locales en el espacio galaico durante el periodo astur», *Territorio, sociedad y poder*, 2 (2009), pp. 218-219.

[101] DÍAZ Y DÍAZ, «La espiritualidad de la peregrinación», p. 249-250; RUCQUOI, Adeline, «Cluny, el Camino Francés y la Reforma Gregoriana», *Medievalismo: Boletín de la Sociedad Española de Estudios Medievales*, 20 (2010), pp. 117-120. En torno a la cuestión de las formas de la peregrinación jacobea: PLÖTZ, Robert, «Pelerins et pelerinages hier et aujourd'hui», en *Les Chemins de Saint-Jacques-de-Compostelle*, Strasbourg, Conseil de l 'Europe, 1989, p. 105ss. Ciertos procesos para nosotros aledaños resultan fundamentales, como la Paz de Dios; ver: SUÁREZ FERNÁNDEZ, Luis, «Piedad popular en el culto a Santiago», en *El Camino de Santiago. Camino de Europa*, Pontevedra, Xunta de Galicia, 1993, p. 222. Por lo demás, Robert Plötz había recogido ya los contextos diversos de una movilidad intensificada desde el siglo XI, que condensaba en: auge económico-técnico; modificaciones de corte social y jurídico; aquel derivado del fomento eclesiástico; y los contextos

cultos de tinte más local sucumbirán en breve en beneficio definitivo –si es que no lo habían hecho ya– de aquellos más propios de los santos bíblicos. Y aquí Santiago parece un personaje destacado.

3.2.1. *La liturgización del trayecto*

La liturgia no ha de entenderse únicamente como algo circunscrito al ritual eucarístico, como es sabido. Implica, en efecto, gestos, prácticas, usos variados y múltiples, pero su aplicación cabe a las situaciones y contextos más diversos. Y no solo de matriz religiosa. ¿O acaso los homenajes feudales no constituyen una de las más recias y poderosas liturgias? Y así, arrimando el ascua a nuestra sardina, podemos entender la liturgización de lo viario como la definición progresiva de una serie de prácticas asociadas a distintos momentos, tiempos y espacios del desplazamiento, que cobran cada vez un mayor arraigo hasta hacerse poco menos que ineludibles.

La incorporación definitiva de lo penitencial, en la forma limpiadora de la indulgencia o punitiva de lo judicial, completará el auge que progresivamente había ido experimentando esa peregrinación más precisa[102]. Este nuevo objeto será clave a la hora de ampliar el sentido del viaje hacia una definición e institucionalización progresiva de las formas peregrinatorias. En la voluntad de llegada a un lugar de culto, el propio desplazamiento se dota progresivamente de un sentido trascendente y religioso, purificador y penitencial[103]. La peregrinación ya no será simplemente un desplazamiento devoto con un fin de oración final, sino un viaje que se emprende en una sucesión pausada y diaria de formas litúrgicas, ritos y devociones a satisfa-

---

derivados de la expansión peregrinatoria en arte y literatura. Plötz, «La *peregrinatio* como fenómeno», p. 241-264. Las formas en que la reforma afecta a la sede, tanto *in situ* como en cuanto a la propia peregrinación son diversas. Ver: Rucquoi, «Cluny, el Camino», pp. 114-121.

[102] DELVILLE, Jean-Pierre, «Les pèlerinages chrétiens: sens, histoire et actualité», en CAUCHIES, Jean-Marie, Philippe DESMETTE y Emmanuël FALZONE (dirs.), *L'encadrement des pèlerins du XIIè siècle à nos jours*, Bruxelles, Facultés universitaires Saint-Loui, 2010, p. 34-35. La judicialización de la imposición peregrinatoria ha ofrecido cierto resultado también en las formas de la percepción, aunque en perspectiva reducida: TEXIER, Pascal, «Pèlerinages imposés et perception de l'espace. La France centrale des XIVe et XVe siècles», *Pèlerinages, échanges, cultures. Actes du 74e Congrès de la Fédération des Sociétés savants du Centre de la France*, Saint-Léonard, 2019, p. 113-128.

[103] DÍAZ Y DÍAZ, «La espiritualidad de la peregrinación», p. 249; HERBERS, Klaus, «Les chemins de Saint-Jacques. Une conception de sacraliser l'espace et le temps», *Ad Limina. Revista de investigación del Camino de Santiago y las peregrinaciones*, 3 (2012), pp. 133-148.

cer y cumplir, algunas de las cuales se integraban ya en la tradición popular desde aquel siglo XI[104].

Peregrino a Santiago, con insignias y bordón. Códice Manesse, UB Heidelberg, Cod. Pal. germ. 848, fol. 371r (s. XIII). Lic. CC.

En este proceso, y en relación a la peregrinación a Compostela, nos ofrece una visión ya madura la fijación y codificación de sus principios en el *Liber Sancti Iacobi*, piedra angular del culto jacobeo y cuya copia mejor conocida,

[104] DÍAZ Y DÍAZ, «La espiritualidad de la peregrinación», p. 254. PLÖTZ, Robert, «Sanctus et Peregrinus – Peregrinus et Sanctus. Peregrinatio ad Saanctum Jacobum usque ad annum 1140», en Fernando LÓPEZ ALSINA (ed.), *El papado, la Iglesia Leonesa y la Basílica de Santiago a finales del siglo XI. El traslado de la Sede Episcopal de Iria a Compostela en 1095*, Santiago de Compostela, Consorcio de Santiago, 1999, p. 94.

el *Codex Calixtinus*, se produce en la iglesia compostelana entre los años 1140 y 1172[105]. Sus lecturas son diversas, desde la capacidad de la sede que lo produce hasta su lectura política y encaje con otros volúmenes del momento, como el Tumbo A. Pero como ya se ha destacado en múltiples ocasiones, aquellas nuevas formas de la mentalidad plenomedieval se dejan ver especialmente en sus libros; en sus sermones, milagros, hagiografía y episodios. De cara a lo peregrinatorio, su redacción nos ofrece aquí lo evidente, pues parece certificar de manera definitiva la reglamentación del *iter* o *via ad sanctum Jacobum* desde dos perspectivas clave: en sus formas devocionales y rituales, lo cual ocurre en el libro primero, eminentemente litúrgico; y en las espaciales, tal y como se recoge en el libro quinto con el referenciado de un itinerario físico que, sin bien puede responder a una abstracción idealizada, fija en efecto un marco geográfico. Ambas incorporan ahora una evidente dimensión purificadora del espíritu a través del propio caminar.

Esta ritualización de la peregrinación jacobea va fijando eventos de manera constante para integrarlos progresivamente en el mismo proceso. En ellos juegan también su papel unos principios en apariencia menores pero igual de significativos. Me refiero concretamente a los elementos materiales y su incorporación a la liturgia del viaje, pues los objetos cobran ahora un sentido más allá de lo físico y se erigen poco a poco en símbolo sacro para el caminante. La conocida como *benedictio perarum et baculorum*, marca el comienzo del peregrinaje. Ese primer libro litúrgico del *Liber*, que compila sermones, prácticas y oraciones en torno a la figura de Santiago, incluye en su selección y como uno de sus pasajes más destacados, el sermón denominado *Veneranda dies*. En él, entre muchas otras materias desgranadas, se recoge el proceso de bendición y entrega de los bordones y escarcelas al comienzo del recorrido. Ello configura un proceder que marca verdaderamente el inicio de la peregrinación[106]. Con anterioridad la preparación del viaje habría requerido ya a buen seguro cierta intendencia, en la organización de prendas

---

[105] Sobre el volumen, siendo la historiografía amplia, resulta fundamental el estudio: C. DÍAZ Y DÍAZ, Manuel, *El Códice Calixtino de la catedral de Santiago. Estudio codicológico y de contenido*, Santiago de Compostela, Centro de Estudios Jacobeos, 1988.

[106] BÄRSCH, J. «'Accipe et hunc baculum itineris'. Liturgie-und frömmigkeitsgeschichtliche Bemerkungen zur Entwicklung der Pilgersegnung im Mittelalter», en M. GERWING y H. J. F. REINHARDT (ed.), *Wahrheit Auf Dem Weg: Festschrift Für Ludwig Hodl Zum Funfundachzigsten Geburtstag*, Münster, Aschendorff, 2010, pp. 76-99; Plötz, «El peregrino y su entorno», p. 168.

y recursos, quizá certificaciones parroquiales, o una posible redacción de testamento. Pero este evento es el que parece marcar de manera certificadora la salida, con unas fuentes que nos transmiten un proceso no sólo ritual sino trascendente:

> Ad sanctorum limina tendentes baculum et peram benedicta in ecclesia accipiunt. Cum enim penitencie causa illos ad sanctorum presidia mitimus, peram benedictam illos more ecclesiasico damus[107].

Insignias de peregrinación compostelana. Museo británico (nº 1856,0701.2106). © The Trustees of the British Museum. Lic. CC.

---

[107] ACS, CF 14, f. 80r-v. Ed. en: HERBERS, Klaus; Manuel SANTOS NOYA (eds.), *Liber Sancti Jacobi. Codex Calixtinus*, Santiago de Compostela, Xunta de Galicia, 1998, p. 91.

El rito ahora normalizado en el Calixtino, tiene un origen anterior (al igual que el su propio texto del códice). Como ya habíamos anotado, la incorporación de estas tradiciones procede de la práctica popular, al menos en la larga tradición del siglo XI, hasta ser integradas en una relativa oficialidad más amplia. En efecto, tales ceremonias aparecían ya en diversas formas. El *Sacramentarium Vicense*, de 1038 y bajo el título *Oratio iter agentibus*, establece para los que van a iniciar el viaje que *surgentes a terra imponat eis episcopus sive presbyter sportas et det baculum*[108]. En el *Liber Pontificalis Rotae*[109], también del siglo XII, aparece como *pro fratribus in via dirigendis* y *pro redeuntibus de itinere*[110]. Y así se ha transmitido en diversas fuentes litúrgicas contemporáneas fuera de la península, como el *Sacramentarium Assindense*[111]. Siempre bajo el mismo signo: bendecir los elementos materiales y entregarlos al protagonista del viaje, que así lo inicia. Esta recepción parece determinar la entrada del individuo en su condición peregrino, a partir de la cual se beneficia ya de las condiciones específicas que se aplican al grupo, como ciertas protecciones jurídicas que habían tomado igualmente forma[112].

Las fuentes textuales nos ofrecen también un posible punto final de este tiempo del viaje. Lo obvio es la finalización del propio trayecto y la culminación del culto en destino. Pero a mayores cabe señalar una cuestión puntual que, si bien no es obligatoria, sí resulta notable. Si el inicio ofrece un proceso ritual de significación trascendente, el cierre ofrece la presencia de una materialidad simbólica bien conocida en la consecución de una insignia final y reconocedora. El propio *Liber Sancti Iacobi* señala la concha o *vieira* como objeto filiador del peregrino jacobeo. Comenta, de nuevo, el sermón *Veneranda dies*: *similiter non absque re oratores a Iherosolimis redientes palmas*

[108] ABEV, Ms. 066, CCXLVII.

[109] ACLl, RC00_36.

[110] Para ediciones: VÁZQUEZ de Parga, Luís, José María LACARRA, Juan URÍA RIU, *Las peregrinaciones a Santiago de Compostela*, vol. 3, Madrid, Consejo Superior de Investigaciones Científicas, 1948, p. 145-147. Ver, además: PLÖTZ, «Indumenta peregrinorum», p. 94.

[111] ULD, Düsseldorf Digit, MS-D-02.

[112] Es el caso de la prohibición de incautación que aparece en *la Historia Compostelana,* y que en algunas regiones ha llevado incluso a la suspensión de los procedimientos judiciales hasta su regreso. BARREIRO GARCÍA, «La condición jurídica», pp. 64-66; GALLEGOS VÁZQUEZ, *Estatuto jurídico,* pp. 81-119; PLÖTZ, «El peregrino y su entorno», p. 168. Sobre las disposiciones de la *Historia Compostelana*: FALQUE, E. «Las peregrinaciones a Santiago en *Historia* Compostelanala», *Compostellanum,* 43 (1998), pp. 591-592.

deferunt et a sancti Iacobi liminibus revertentes crusillas gerunt, en alusión a aquellos bivalvos *quos vulgus 'veras' vocat*[113].

La adquisición de estas insignias, significativas e identificadoras como símbolo de la renovación cumplida, no corresponde a aquel que está en camino sino a quien ha completado su periplo[114]. En nuestro periodo de estudio, esta condición tuvo efectos prácticos. Tales objetos se constatan como algo más que un mero elemento material o sujeto a la consideración teológica: eran un recurso económico. La producción de estas conchas tomó tintes de certificación y su oficialización pasó por una acuñación reglamentada en la propia ciudad de Compostela y gestionada por la autoridad eclesiástica. En el año 1200, a 10 de febrero, el arzobispo Pedro Suárez de Deza alcanza un acuerdo con los concheros para repartir su producción y venta[115]. No mucho después, en 1207, el papa Inocencio III se dirige a los obispos de España y Gascuña para prohibir la acuñación de *adulterina insignia Beati Iacobi, que 'conchæ' dicitur*. En 1277, Gregorio X confirma la producción de *signa beati Iacobi, que conche vulgariter appellantur*[116]. Y a 1 de enero de 1268 Clemente IV repite la protección a la acuñación oficial en *litteræ executoriæ*[117]. El fin sería proteger su producción y evitar un fraude que probablemente sería frecuente. Su interpretación ha de tener tras de sí la intensa significación de lo material. La concha, acuñada, oficial, habría de testimoniar la consecución del objetivo peregrinatorio: la llegada a Compostela y culminación del culto.

---

[113] ACS, CF 14, f. 80v. En torno al elemento simbólico: RASMUSSEN, Ann Marie: ASPEREN, Hanneke van, «Introduction: Medieval Badges», *The Mediaeval Journal*, 8/1 (2018), p. 1-11. Ya en referencia al símbolo compostelano, principalmente: ANGUITA JAÉN, José Manuel, «La concha jacobea (vieira) en *Liber Sancti Iacobi (Codex Calixtinus)*», *Iacobus*, 1 (2006), p. 47-54; CASTELLI, Patrizia, «Dalla conchiglia di venere alla conchiglia di Sant'Jacopo: la metamorfosi di un simbolo», *Actas del Congreso de Estudios Jacobeos*, Santiago de Compostela, Xunta de Galicia, 1995, p. 109; CAUCCI VON SAUCKEN, Jacopo, *Il sermone veneranda dies del Liber Sancti Iacobi. Senso e valore del pellegrinaggio compostellano*, A Coruña, Xunta de Galicia, 2001, p. 81-89.

[114] CASTELLI, «Dalla conchiglia di venere», p. 116-119.

[115] ACS, CF33, fol. 82r-v.

[116] ACS, CF33, fols. 271v-272r.

[117] ACS, CF33, fols. 270v-271r. SÁNCHEZ SÁNCHEZ, Xosé M., «La peregrinación a Santiago de Compostela y el poder pontificio entre los siglos XII y XV», *Ad limina. Revista de investigación del Camino de Santiago y las peregrinaciones*, 1, 2010, p. 192; SÁNCHEZ SÁNCHEZ, Xosé M., *La iglesia de Santiago y el pontificado en la Edad Media (1140-1417)*, Santiago de Compostela, Consorcio de Santiago / Universidade de Santiago de Compostela, 2012, pp. 179-196.

Finaliza así el tiempo del viaje *causa peregrinationis*, aun a expensas del retorno[118]. Un regreso ya en ocasiones dilatado en la voluntad de cada cual y que la sociedad del entorno, de hecho, percibe. En 1200 Esteban de Ulgoso lega cierta cantidad *ad elemosinas faciendas transeuntibus tam peregrinis*[119]. En 1270 el juez de Luou, Pelayo Eanes, deja en su testamento una manda para *peregrinis venientibus ad Sanctum Iacobum et indigentibus*[120]. La asociación de ideas y figuras es curiosa, amalgamando en la misma concesión a peregrinos y gentes sin rumbo aparente; y quizá el proceso que estamos definiendo aquí, en cuanto a una modificación en la noción individual del tiempo y el modo en que se concibe, no sea del todo ajeno.

El fenómeno, claro, no es estanco; pocas cosas lo son, de hecho, en la esfera de las ideas medievales. Hemos de vincularlo sin duda a la propia definición geográfica y espacial de ese transcurso progresivamente liturgizado. La sacralización gradual dota de contenido trascendental a un desplazamiento físico preexistente, sobre la aplicación de unas formas que, en los siglos XI y XII, afectan tanto al espacio, en lugares y localidades, como al tiempo, a través de martirologios y calendarios litúrgicos. En lo que nos interesa el libro quinto del *Liber Sancti Iacobi*, la conocida como *Guía del peregrino*, cumple ese papel resignificador del espacio[121]. Para definir el itinerario, el texto indica puntos de parada recomendados con hitos que no son nuevos, sino que proceden de la larga tradición y buena parte figuran mencionados en otras fuentes[122]. Lo que ahora se delimita son itinerarios «tipo», lugares y principales etapas que lo compondrían desde las vías que se enlazaban en

---

[118] Quizá también la celebración de algún tipo de recepción litúrgica en la vuelta al punto de origen tenga sentido como certificación final a mayores de la concha, de la misma manera que la bendición lo era al inicio pero su posibilidad está todavía pendiente de definición. Ver acerca de la cuestión: PLÖTZ, «El peregrino y su entorno», p. 172.

[119] ACS, Tumbo C, CF 33, f. 145r.

[120] ACS, Tumbo C, CF 33, f. 37r. Ed. López Ferreiro, *Colección Diplomática*, p. 189.

[121] HERBERS, «Les chemins de Saint-Jacques», p. 138; RUCQUOI, Adeline, «Le 'chemin français' vers Saint-Jacques: une entreprise publicitaire au XIIe siècle», en Giuseppe ARLOTTA (ed.), *De peregrinatione: studi in onore di Paolo Caucci von Saucken: Perugia, 27-29 maggio 2016*, Pomigliano d'Arco, 2016, pp. 620-621. En torno a los santos que dotan al espacio de contenido nuevo ha circulado de manera específica la reunión: *Visitandum est. Santos y Cultos en el Codex Calixtinus. Actas del VII Congreso Internacional de Estudios Jacobeos (Santiago de Compostela, 16-19 de septiembre de 2004)*, Paolo CAUCCI VON SAUCKEN (coord.), Santiago de Compostela, Xunta de Galicia, 2005.

[122] En la *Historia Compostelana*, por ejemplo. Los recoge y organiza: GALLEGOS VÁZQUEZ, Francisco, «El Camino de Santiago y los peregrinos en la *Historia compostelana*», *Compostellanum*, 44 (1999), pp. 394-400.

Puente la Reina; un camino cumplido o no en las etapas marcadas pero en el cual se fijan ciertos hitos. Esta delimitación más precisa de las rutas, señalando puntos de parada obligada o recomendada, unida a la profundidad litúrgica de los ritos y lugares, transforma el camino de peregrinación de una ruta física a recorrer, en una ruta sagrada; es decir: transforma el trayecto a Compostela de un itinerario por el que desplazarse, en un recorrido sacro[123].

3.2.2. *En la idea de un tiempo elástico*

Esta ritualización y sacralización moldea aquello que conocemos de manera más evidente: itinerario y espacio. Pero al mismo tiempo nos permite determinar también un cambio en la percepción temporal por parte del individuo protagonista. En aquel desplazamiento de motivo oratorio que aceleraba los tiempos y reducía los trayectos, no era necesario invertir calma o cuidado en el viaje en sí mismo. El recorrido en sí no era lo relevante: lo era la oración en destino. Ahora, la peregrinación, purgatoria, penitencial, cambia el paso para constituirse en una liturgia propiamente dicha en sí misma, cuyo transcurso se concibe como una inversión en el beneficio espiritual. La finalidad no es ya simplemente la oración en un punto, sino que a ella (que mantiene su importancia) se le añade el beneficio del propio viaje[124].

Entre la recepción de insignias y la culminación del trayecto, la calidad del desplazamiento devocional incorpora, como hemos visto, lo penitencial. En nuestro caso ello se asienta de manera más evidente en las indulgencias que se promueven desde la sede compostelana. La fundación o no de las mismas por el papa Calixto II no es relevante para esta materia, pero sí su recogida en el *Liber Sancti Iacobi*[125]. Las consecuencias son bien notables en la consideración la peregrinación como un viaje más o menos devocional[126],

---

[123] HERBERS, «Les chemins de Saint-Jacques», p. 139.

[124] PLÖTZ, «Homo viator», p. 279.

[125] FONSECA, Cosimo Damiano, «'Spiritualium gratiarum munera... perpetuo concesserant' Indlugenze e Pellegrinaggi», en Paolo CAUCCI VON SAUCKEN (ed.), *Santiago, Jerusalén, Roma. Actas del III Congreso Internacional de Estudios Jacobeos*, Santiago de Compostela, Xunta de Galicia, 1999, pp. 120-122 y 128-129.

[126] Vázquez de Parga, Lacarra y Uría explican de manera clara el sentido cambiante: «la peregrinación iba siendo, cada vez menos, la expresión espontánea de un sentimiento sincero de fe y devoción, para convertirse en un acto utilitario y obligado. Este último carácter se acentuará en adelante, al unirse a su anterior uso como penitencia canónica el de pena impuesta por la autoridad civil o los tribunales de la Inquisición» VÁZQUEZ, LACARRA, URÍA, *Las peregrinaciones*, v. 1, p. 72.

pero lo que aquí nos interesa es la incidencia que tienen sobre el concepto del tiempo cronológico, lo que el individuo entendía o cómo marcaba su vida cotidiana.

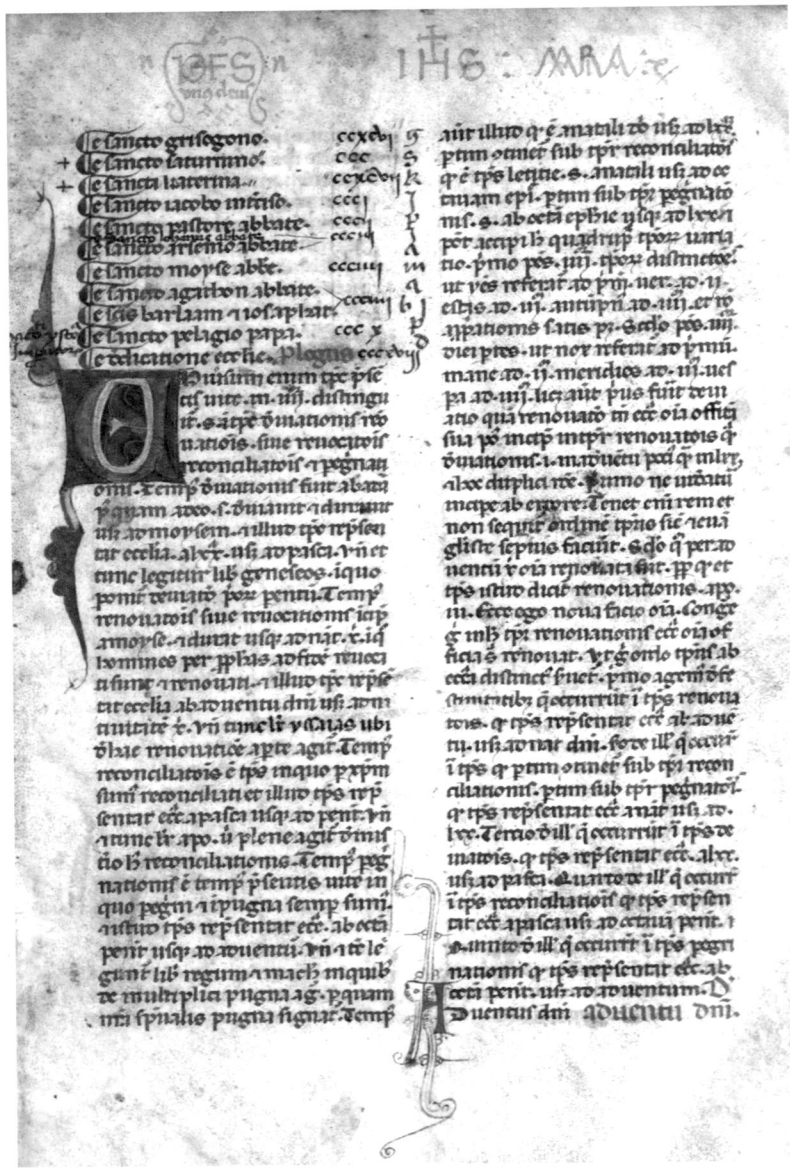

Hoja inicial Leyenda áurea, de Santiago de la Vorágine (S. XIV).
Museo das Peregrinacións e de Santiago, INV-D-921, f. 1r.

El trayecto cobra un sentido cada vez más intenso en la penitencia y el perdón, concibiendo el desplazamiento como un periplo que limpia los pecados cometidos. Y en este sentido la disposición del tiempo no sólo es necesaria sino imprescindible para la consecución definitiva del objetivo. En un tiempo medianamente largo, así lo remarca el sínodo compostelano que el arzobispo Juan Arias celebra entre 1257 y 1267, en uno de sus cánones relativos a las indulgencias ofrecidas en la sede:

> Quicumque uenerit in peregrinacionem ad ecclesiam beati Iacobi in quocumque tempore est ei remissa tercia pars omnium peccatorum suorum; et si in ueniendo, stando uel redeundo decesserit, habita penitencia de comissis ei omnia sunt remissa[127].

Esta disposición protege en lo espiritual al peregrino; no solo al que llega sino al que permanece en la ciudad e incluso en su viaje de regreso. El presente de la peregrinación se reafirma de nuevo desde la salida, con la recepción litúrgica de las insignias, y ofrece la seguridad del beneficio espiritual incluso en caso de un deceso que ocurriese durante el regreso. Una dimensión penitencial que abre al individuo al cambio y la purificación a través del caminar. Ya no es necesario apurar, como transmitían los textos de Gotescalco o Hugues de Die. El camino, aunque mucho más definido en lo físico y en sus requerimientos litúrgicos, continúa siendo peligroso y lleno de incertidumbres, en efecto; pero todo ello forma parte del itinerario formativo del alma, salvífico y purgatorio de las faltas. Y ya no es que no se pueda escatimar su estancia y recorrido: es que quizá no se deba.

Por supuesto, no podemos lateralizar el componente propiamente personal. Los quehaceres de cada uno, las vidas, en su organización particular ejercen un influjo indudable en el término cronológico del que se dispone. Pero desde la liturgización del proceso, el tiempo invertido no se limita necesariamente a lo inmediato e imprescindible de un desplazamiento apurado, ni se escatima, sino que se ensancha en un presente extendido en el cual la ruta emprendida hacia el perdón (del pecado, de la infracción...) comienza al cruzar la propia puerta del hogar y con la bendición de los elementos materiales en origen.

---

[127] ACS, CF24, f. 78v. Ed. en GARCÍA Y GARCÍA, Antonio, *Galicia: Lugo, Mondoñedo, Orense, Santiago de Compostela y Tuy-Vigo*, Madrid, Biblioteca de Autores Cristianos, 1981, p. 271.

guardándose de pecar et non faciendo contra los mandamientos de Dios;
et despues desto faga bien et merced á los otros que lo hobieren menester: et por eso dixo el rey Salomon: si quisieres facer placer á Dios,
primeramente conviene que hayas merced de tu alma: et aun acuerda
con esto lo que dixo nuestro Señor Iesu Cristo en el Evangelio: saca á
primas la viga del tu oio, et despues sacaras la paia del oio de tu cristia-
no: et por estas palabras se da á entender que primero debe home facer
alimosna á sí mismo tolliendo de si los pecados, et despues puédela facer á los otros. La tercera cosa en que debe aun meter mientes el que
quisiere facer alimosna, es que su entencion sea de la facer por amor de
Dios et non por loor temporal que espere haber de los homes, que es
vanagloria: ca si lo ficiere porque los homes lo loen por ello, nol habrá
Dios que gradescer nin por quel facer gualardon: et por eso dixo nuestro señor Iesu Cristo en el Evangelio, que los que facen algunos bienes
á vista de los homes porque hayan ende loor, que en aquello solamente
reciben su gualardon.

TITULO XXIV.

DE LOS ROMEROS ET DE LOS PELEGRINOS.

1 Romeros et pelegrinos se facen los homes para servir á Dios et honrar á los santos; et por sabor de facer esto estrañanse de sus linages et de
sus lugares, et de sus mugeres, et de sus casas et de todo lo que han, et
van por tierras agenas lazrando los cuerpos et despendiendo los haberes
buscando los santuarios. Onde los homes que con tan buena entencion et
tan santa andan por el mundo, derecho es que mientra que en esto andudieren que ellos et sus cosas sean guardadas de guisa que ninguno non
se atreva de ir contra ellos faciéndoles mal. Et por ende pues que en el
título ante de este fablamos de los ayunos, et de las fiestas de los santos
et de las alimosnas como se deben facer, queremos aqui decir destos
pelegrinos et romeros sobredichos que los van visitar et honrar: et primeramente mostrar qué quier decir romero et pelegrino: et quántas ma-
neras son dellos: et en qué guisa deben ser fechos los pelegrinajes et las
romerias: et cómo deben ser guardados et honrados en los lugares por do
andudieren ó do alvergaren: et qué privillegios et meiorias han andan-
do en esto mas que los otros homes: et cómo los pelegrinos pueden facer sus mandas: et qué debdo nace entre los homes yéndose de so uno

---

1 Romerias et pelegrinages facen. B. R. 2. 3. Esc. 1. 2.

Las Siete Partidas, Alfonso X; I, título XIV. En ed. de Gregorio López (1807).

El propio viaje adquiere una naturaleza propia desde la extensión de un
presente salvífico que va más allá de la ciudad de Compostela, ya que este
presente comienza con la primera etapa de la ruta de peregrinación: la salida

del hogar. Este proceso moldea de manera coetánea una concepción extendida del tiempo cronológico en la percepción individual del mismo, desde una realidad ya definitiva: por mucho que se quiera apurar, hay unos hitos en el viaje que son mínimos e ineludibles, aceptados y asumidos ya no como necesarios sino como imprescindibles. El tiempo se extiende así a partir de la recepción litúrgica de los atributos y abre un amplio trayecto fijado, con toda su extensión física por el norte peninsular, en un recorrido de duración variable dependiendo de cada cual. Ahora la dilación no importa, pues el objeto no es simplemente la llegada a destino, e incluso cierta demora incrementará la gracia y la limpieza espiritual.

Esta noción del tiempo se acopla a un recorrido físico pero también espiritual, desde una pretendida materialización en el protagonista de un factor de cambio a través de la peregrinación: el personal, individual y renovador en buena medida[128]. Este camino, construido entre la tradición literaria y oral jacobea, y una floreciente arquitectura de diversos santos que jalona el espacio y acompaña al peregrino, es ya un objeto en sí mismo[129]. Y así la normalización del viaje y su reglamentación hubo de comportar otro proceso: la unificación de tiempos diversos e individuales. La organización de un periplo peregrinatorio de procedencia y ámbito europeos o generales comporta unas necesidades y ventajas en su realización en grupo. Estas colectividades no son aleatorias, sino que parecen reunirse en ocasiones en puntos preestablecidos y destacados, orígenes de las rutas, quizá huyendo de la soledad en la dureza climatológica y buscando mejorar la seguridad en la compañía. Ello comporta una mimetización *a priori* de la duración del viaje, aunque luego esté sometida a circunstancias personales durante el trayecto[130]. En cualquier caso, de nuevo, y al igual que en la definición que hacía la historiografía de aquellos tiempos colectivos y segmentados de eclesiásticos y mercaderes, la consideración de características particulares y homogeneizadoras de un grupo ofrecen concepciones propias; en nuestro caso, no mar-

---

[128] SUÁREZ FERNÁNDEZ, «Piedad popular», p. 217.

[129] PLÖTZ, «Homo viator», p. 279.

[130] Cierto que no implica una concepción diferenciada del tiempo cronológico, pero sí tendrá una influencia mayor a nivel más próximo: los grupos hubieron de generar oleadas especialmente sensibles en momentos determinados del año, y con ellos variar la afluencia a la ciudad de Compostela, caso de las llamadas «peregrinaciones» de Pascua y de San Miguel. VÁZQUEZ, LACARRA, URÍA. *Las peregrinaciones*, v. 1, p. 143.

cadas por precios, beneficios o duraciones, ni por horas litúrgicas y oficios, sino por penitencia, purificación ritualizada y desplazamiento[131].

En la dimensión extrema de este concepto Santiago de la Vorágine asocia en su Leyenda Sagrada existencia, tiempo anual, vida y peregrinación precisamente con el deambular, última forma probablemente del desapego temporal[132]. En algo más mundano Alfonso X fija en la Partidas, en torno a 1265, una imagen del viajero en efecto dilatada y deambulatoria; centrada en lo devocional, cierto, pero distendida en cuanto a la importancia del tiempo:

> Romeros e pelegrinos son omes que fazen sus romerías e pelegrinajes por servir a Dios e honrar los santos, e por sabor de fazer esto estranan se de sus logares, e de sus mugeres, e de sus casas, e de todo lo que han, e van por ajenas, lazerando los cuerpos, e desprendiendo los aueres, buscando los santos. Onde los homes que con tan buena intención, e tan santa andan por el mundo, derecho es, que mientra en esto andouieren, que ellos e sus cosas sean guardados, de manera, que ninguno no se atreua de yr contra ellos, faziéndoles mal[133].

Ese tiempo elástico, ha ensanchado, así, para ponerse al servicio del individuo hasta hacerse un hueco en los códigos legislativos.

3.3. Los tiempos diversos hacia finales de la Edad Media

Formas versátiles, relacionadas con nuevas condiciones políticas y coyunturas económicas, pero sobre todo con los modos cambiantes de una sociedad en expansión. Cambiantes digo; pero no exclusivas. La dimensión que van adquiriendo las nociones particulares del tiempo, sean más elásticas o sean más rígidas, concentradas en una oración devota, o tamizadas por el proceso peregrinatorio más extenso, no son excluyentes en la sociedad medieval. No lo eran en el mismo momento de su desarrollo, y tampoco lo son de cara al

---

[131] LE GOFF, «Au Moyen Âge», p. 424-425. Y todo inscrito en un proceso más amplio desde el cual las formas de fuentes cronísticas y teológicas vienen a precisar y reafirmar, aun desde lo léxico, las categorías temporales en la Europa plenomedieval, en lo que H. Martín denomina «affinement des catégories temporelles». MARTIN, Mentalités médiévales, p. 161-168. Recoge, en parte ORTEGA, «La medida del tiempo», p. 17.

[132] Ver, en cuanto al concepto temporal en torno a la peregrinación: LE GOFF, En busca del tiempo sagrado, pp. 63ss.

[133] Partidas, Part. 1, tit. XXIV.

futuro. El cambio que hemos documentado en el largo siglo XII no produce una sustitución de tiempos sino una convivencia.

A partir de aquí, desde el transcurso del siglo XIII, creo que podemos identificar la coexistencia, alternancia y presencia de ambas, dependiendo de la propia voluntad, finalidad o deseo de cada cual en su intención de veneración compostelana. Ambas percepciones, desde lo personal y dando lugar al agregado, se extenderán para alcanzar ya el fin de los siglos medievales. Para confirmar su vigencia hemos de recurrir a testimonios ya tardíos, en una tradición jacobea con motivos, condiciones y espacios de conocimiento razonable[134].

3.3.1. *Tiempos varios*

Ese tiempo que se nos muestra extendido cuando observamos peregrinación y mentalidad, tiene su continuidad en fenómenos posteriores que lo recogen, como la espiritualidad mendicante. La *Crónica da Ordem dos Frades Menores*, conocida en la copia bajomedieval de su manuscrito, compila la noticia de la peregrinación que efectúa el monje franciscano Fray Gil. En puridad, y aunque pocas veces se le identifica, ha de tratarse de Egidio de Asís, o Gil de Asís, tercer compañero de San Francisco, del que se conoce en torno a 1212-1213 peregrinación a Compostela, al santuario de San Miguel Arcángel y su continuación a Tierra Santa. De nuevo, no es la forma práctica o certificada del viaje la que nos interesa, sino las categorías que desde el marco de las ideas se manejan en su relato:

> Depois de alguum tempo frey Gill, de leçemçia de sam Framçisquo, foy peregrino a Samtiago, e em todo aquelle caminho numca de sy lamçou a fame e por amoor de Deus sofria de booa vomtade mingoa. Homde, hindo elle huum dia por esmolla, nom achou nehua coussa e chegou a hua eira em na quall aviam ficadas alguas favas e comeo-as e dormio aly aquela noite e foy recreado do Senhor tambem como se ouvera comido deverssas iguarias de viamdas. E sempre se ospedava mais de booamente

---

[134] No nos detendremos demasiado. Para una recopilación de perspectivas diversas en torno a contexto, fuentes y principales elementos devocionales en esta baja Edad Media, ver el volumen colectivo: GUTIÉRREZ GARCÍA, Santiago; LÓPEZ MARTÍNEZ-MORÁS (eds.), Santiago, *El culto jacobeo y la peregrinación a Santiago a finales de la Edad Media*, Santiago de Compostela, Universidade de Santiago de Compostela, 2018.

em nos lugares solitarios e desertos que nom antre as gemtes, por tall que mais livremente se desse a vigillias e a oraçom[135].

Si bien en la narración destacan sin duda los nuevos valores eminentemente franciscanos, aquí nos interesa la evidente presencia de una idea del tiempo peregrinatorio que permite recrearse en la duración del viaje. Fray Gil se aparta de las gentes, se dedica a la oración, se dilata en la contemplación piadosa y, entre alimentos frugales, el tiempo se expande en la trascendencia y los momentos en que recibe el alimento divino de la Palabra. Resulta indudable lo exacerbado de la espiritualidad, en una nueva vuelta de tuerca desde la primacía de lo penitencial como glorificación de los principios mendicantes, pero parece mantener aquella idea extendida de las posibilidades en cuanto a lo temporal[136]. La fuente se recrea en efecto en el pietismo promotor del desplazamiento, pero en paralelo trasluce el concepto que ya hemos sugerido: lo importante no es simplemente la llegada a Compostela ni la veneración ante el sepulcro sino también el tiempo intermedio, extendido entre la partida y la llegada. Probablemente el calado de esta afirmación ha de ser no únicamente compostelana sino peregrinatoria en general, para afectar a otras rutas y dedicaciones, aunque esta hipótesis necesitará una investigación más profunda. Esas penalidades y penurias que Fray Gil experimenta, purificadoras desde el sacrificio del caminante, desposeen al Tiempo de una necesidad de inmediatez. Continúa siendo un bien preciado, en efecto; pero la permanencia en el camino de peregrinación no es baladí ni perdida: el tiempo del peregrino es una inversión.

La forma es la de un camino que presenta un contenido espiritual extendido a lo largo del propio viaje, certificando los nuevos usos moldeados en torno al siglo XII. Tal percepción cobra igual presencia en el caso de la reina Isabel de Portugal, que habría acudido por dos veces en peregrinación a Santiago de Compostela[137]. Nos ocuparemos del primer periplo, pues el segundo se conoce a través de una crónica redactada en el siglo XVII cuyo

---

[135] NUNES, José Joaquim (ed.), *Crónica da Ordem dos Frades Menores*, vol. I, Coimbra, Imprensa da Universidade, 1918, pp. 135-136.

[136] En parte, en torno a esta perspectiva de unas nuevas formas de piedad, y en alusión concreta a este caso: BARROS, «Relatos de peregrinação», pp. 124-126.

[137] BAQUERO MORENO, Humberto, «Santa Isabel, rainha de Portugal peregrina a Santiago de Compostela», en BAQUERO, Humberto (coord.), *Actas de las Jornadas sobre O Caminho de Santiago. Portugal na memoria dos peregrinos*, Santiago de Compostela, Xunta de Galicia, p. 17-26.

contexto diacrónico podría falsear las formas que nos interesan. La soberana hace camino con su compañía por vez primera en el año 1325, recogido en la crónica portuguesa *Livro que fala da boa vida que fez a Raynha de Portugal dona Isabel*, compuesta entre 1337 y 1338 aunque de original perdido y conocida por copia bajomedieval posterior[138]. El texto transmite un sentido claro desde su partida: *começou esta rainha caminho, sem o dando a entender, pera ir aa eigreja em romaria u jaz o corpo de Santiago apostolo*[139]. El itinerario peregrinatorio toma naturaleza desde el propio inicio del recorrido, en el lugar de origen. Una vez alcanzada la ciudad *foi de pee com gram devoçom até a eigreja de Santiago*[140]. Su estancia en Compostela, que tiene lugar durante la fiesta de Santiago, se desarrolla según la fuente haciendo hincapié en los ricos ornamentos donados por la emperatriz a la iglesia compostelana. El proceso, finalmente, parece certificarse con un evento que conocemos bien: la recepción de la materialidad reconocedora de tal peregrinación. Y así *comprida sa romaría, o arcebispo da eigreja deu aa rainha uum bordom e esportela, pera per o bordom e esportela parecer romeira de Santiago, e tornou-se pera Portugal*[141]. Cumplido el fin y como testimonio público de tal finalización, se le confieren los símbolos jacobeos, que aquí no se cifran en conchas sino en báculo y bolsa. A expensas de cierto cambio en las formas de lo material, el tiempo de la peregrinación ha finalizado, extendido en partida, trayecto, estancia compostelana, y culto devocional[142].

El tiempo es tranquilo, relativamente sosegado; concebido desde la voluntad de desempeño de un culto normalizado que tienen, en efecto, desde hace ya más de dos siglos, ciertos requerimientos y recomendaciones. Ha de ser el peregrinaje que concibe el monarca francés Carlos II de Navarra, conde de Evreaux, cuando en su testamento, en 1375 dispone que en caso de

---

[138] NUNES, J. J., *Vida e milagres dona Isabel, Rainha de Portugal. Texto do século XIV, restituído à sua presumível forma primitiva e acompanhado de notas explicativas*, Coimbra, Imprenta da Universidade, 1921.

[139] BAQUERO MORENO, «Santa Isabel, rainha», p. 25.

[140] *Idem.*

[141] *Idem.*

[142] El final parece claro, e incluso en ocasiones el trayecto de regreso se hacía por vía marítima, diferente al camino pedestre de ida. Así se atestigua, por ejemplo, en los fletes y viajes de peregrinos de regreso desde el puerto de A Coruña, especialmente en los siglos XIV y XV. Ver, por ejemplo: RODRÍGUEZ, Manuel F., «La ciudad de A Coruña como puerto de referencia en Galicia», *Ad Limina. Revista de investigación del Camino de Santiago y las peregrinaciones*, 8 (2017), p. 165.

no haber podido peregrinar él mismo, lo cual tenía intención de hacer *que tantost aprés nostre decés, aucune bonne personne y soit envoyee pour nous aus despens de nostre execution, pour le faire et accomplir devotement et bien*[143]. Por supuesto, la situación personal cumple su función, pues mediatiza igualmente las posibilidades. Pero ello no resta validez al hecho de que la noción de tiempo y formas de recorrido del espacio y cumplimentado del culto, sean diferentes con respecto, por ejemplo, a aquellas expediciones cruzadas fulgurantes o a los primeros testimonios apurados.

En este sentido, y a la par, el deseo de culminar una veneración puntual en la ciudad de Santiago mantiene su vigencia como origen de una idea de tiempo concreta, y continúa siendo motivo suficiente para desviar una trayectoria vecina. Al igual que en aquel ejército que en 1189 se había detenido en el Tambre y acudido a Compostela, ese mismo desplazamiento lo repite la expedición militar que, en camino hacia la Quinta Cruzada, desembarca en el cercano puerto coruñés de Faro (en realidad A Coruña) en 17 de junio de 1217. Su relato nos lo ofrece el llamado *Chronicon Emonis et Menconis abbatum Verumensium ab anno 1204 ad anno 1276*[144]:

> Ventis itaque prosperis sed nimis lenibus usi, sexta feria proxima Phare pervenimus, quod est oppidum Galicie dives admodun, portum habens flesuosum [...]. Navibus itaque in tuto dispositis, sequenti die versos Compostellan, iter arreptum, per diem et noctem continue laborantes vix confecimus. Unde post oblata Deo et beato apostolo sacrificia reversi, per novem dies ventis oppositis Phare sumus detenti[145].

El trayecto se revela de nuevo fugaz sobre la *causa orationis*. El camino recorrido a Compostela se describe como sin descanso, *per diem et noctem continue laborantes*, y la estancia en la ciudad se extiende por tiempo mínimo una

---

[143] De original perdido, y conocido a través de copia del siglo XVII en BNF, fr. 3863, fol. 102-123v. En su estudio más reciente, y nuestra cita: CHARON, Philippe, «Le testament de 1376 de Charles II, roi de Navarre et comte d'Évreux», *Annales de Normandie*, 63e année (2013/2), p. 60.

[144] PERTZ (ed.), *Monumenta Germaniae Historica*, Scriptorum t. XXIII, pp. 280-503. Ver igualmente: ALMAZÁN, Vicente, *Dinamarca Jacobea. Historia, arte y literatura*, Santiago de Compostela, Xunta de Galicia, 1998, p. 44; VÁZQUEZ, LACARRA, URÍA, *Las peregrinaciones*, vol. 1, p. 73, nt. 11. En atención a los ejércitos cruzados y su vinculación con la corriente de peregrinación: HERBERS, Klaus, «Cruzada y peregrinación. Viajes marítimos, guerra santa y devoción», en *Actas del II Congreso Internacional de Estudios Jacobeos. Rutas atlánticas de peregrinación a Santiago de Compostela*, vol. 2, Santiago de Compostela, Xunta de Galicia; pp. 27-40.

[145] PERTZ (ed.), *Monumenta Germaniae Historica*, Scriptorum t. XXIII, p. 478.

vez cumplido el objetivo devocional. Culminada la oración ante la tumba apostólica, el contingente cruzado retoma el camino con la mayor diligencia y rapidez posible. El propio requerimiento de la expedición lo explica, pero parece significativo el hecho de que el retraso de nueve jornadas que sufren a continuación lo pasan en A Coruña, no en Compostela. A la ciudad jacobea no habrá (no consta, al menos) una segunda visita.

El desplazamiento oratorio se mantiene aquí, en una forma más intensa y menos elaborada que la definición de aquellas formas propiamente peregrinatorias; y con él una idea de tiempo en la cabeza de sus protagonistas más cercana a la prisa del desplazamiento aprovechado para una cuestión puntual. En este caso el tiempo sí es precioso y, en el alusión de los cruzados, tal y como continúa la crónica, el apremio les conduce a partir aun cuando la meteorología no lo aconseja, con final trágico para algunos[146].

3.3.2. *Nuevas sociedades, nuevos tiempos*

Cumple finalmente simplemente esbozar una cuestión que si bien queda fuera de este estudio, recoge parte de los usos vistos, en alusión a una nueva forma de desplazamiento que se acerca más a una experiencia turística. Se trata de aquella protagonizada por los miembros de un cada vez más pujante

---

[146] El caso de la vía marítima inglesa tiene cierta particularidad, pues se trata de una ruta de peregrinación asentada, en convivencia sostenida y fuerte con las rutas comerciales, pero no de un Camino peregrinatorio como el que define el *Codex*. Y ello se refleja en el propio tiempo que el individuo le dedica a su quehacer. El itinerario venía marcado, obviamente, por la propia duración de la travesía, pero una vez alcanzada tierra el viaje no se dilataba en absoluto y la partida era por lo general rápida tanto en ida como en vuelta. El sometimiento a la temporalidad de las rutas y embarcaciones se imponía a lo devocional del propio camino, dejando como única finalidad la oración y veneración en destino. En conocimiento de espacios y formas ver: Ferreira Priegue, Elisa, «La ruta ineludible: las peregrinaciones colectivas desde las Islas británicas en los siglos xiv y xv», en *Actas del Congreso de Estudios Jacobeos*, A Coruña, Xunta de Galicia, 1995, p. 285. En cuanto a las rutas atlánticas ver: Baquero Moreno, Humberto, «A vía medieval do Atlántico na peregrinçao a Santiago», en *ibidem*, p. 93-100. En la dimensión coruñesa medieval, la ruta atlántica y la marca de lo urbano: Sánchez Chouza, José M., *A Coruña en la baja Edad Media*, A Coruña, Seminario de Estudos Galegos, 2005, p. 93-96. Igualmente diversos estudios se han hecho eco del papel que cumple el puerto de A Coruña en la peregrinación compostelana; ver: Velo Pensado, Ismael, *La Coruña en el camino de peregrinos a Santiago*, La Coruña, Archivo de la Colegiata, 1996; Rodríguez, Manuel F. «La ciudad de A Coruña como puerto de referencia en Galicia para los peregrinos a Santiago de Compostela en los siglos XIII al XVII», *Ad Limina. Revista de investigación del Camino de Santiago y las peregrinaciones*, 8 (2017), p. 155-190.

sector de la burguesía que, especialmente en los estertores del mundo medieval, desarrollan unos modos nuevos de visita y disfrute.

De manera genérica, la expansión económica de la plena Edad Media, había puesto unas semillas en la ampliación de las sociedades urbanas, que la corrección de la contracción del siglo xiv no hizo sino regar. Desde ellas grupos asentados en los poderes ciudadanos, capaces, políticos, oligárquicos en lo económico, desarrollan unos modos de vida cada vez más particulares. Y ello implica un agarre en los mecanismos de la toma de decisiones políticas, en la articulación de las relaciones sociales verticales, o en la diversificación de inversiones y apuntalamiento de la capacidad económica. Pero también trae consigo el despliegue de toda una forma nueva de ver el mundo y de desempeñar sus vidas cotidianas. Y en ello: nuevas formas de viaje, nuevas formas de disfrute, nuevas percepciones del entorno.

La convivencia de los distintos tiempos, devenidos de la percepción individual de las actividades y del transcurso propio de la vida, se intensifica así en correspondencia con la multiplicación de grupos y funciones de esta baja Edad Media. Esa flexibilización de la sociedad desde la expansión del pleno Medievo con su apertura de espacios intermedios, y la acentuación posterior de segmentos sociales, funciones y desempeños en las ciudades ya pujantes en el siglo xiii o ya contraídas en el xiv, refuerza las nuevas formas de percepción individual del tiempo. Unas marcadas por los nuevos relojes, otras continuadas por el tañido cadencioso de las campanas, y estas vinculadas a la burguesía en la expansión de los viajes sin mayor motivación que la visita y el conocimiento.

En lo que nos atañe, en nuestra breve perspectiva temporal del trayecto hacia el noroeste, a la par y al igual que en los procesos anteriormente vistos (oratorios o liturgizados), esta nueva colectividad ofrece la lectura de un concepto del tiempo propio en sus trayectos a Compostela. En diversas ocasiones se han señalado los cambios de la orientación peregrinatoria europea especialmente evidentes en la comparación del tiempo largo[147]. En estos nuevos modos, lejos ya aquellas marcas devocionales del *Liber Sancti Iacobi* del siglo xii, alcanzamos ahora en ciertas fuentes documentales del

---

[147] HERBERS, Klaus, «Peregrinos, escritores y otros propagadores del culto jacobeo en Alemania», en HERBERS, Klaus (ed.), *Papado, peregrinos y culto jacobeo en España y Europa durante la Edad Media*, Granada, Universidad de Granada, 2017, p. 126.

Cuatrocientos unos usos que inciden más en una dimensión viajera próxima casi a lo turístico, mientras una espiritualidad más fija y estática empieza a sustituir a la movilidad de la peregrinación[148].

Ciertos casos, que han dejado especial testimonio escrito en sus relatos y narraciones de viajes, son especialmente ilustrativos. Un anónimo inglés deja testimonio de su recorrido en el año 1423 desde Inglaterra hacia diversos centros devocionales, en esa fina frontera en ocasiones indefinida entre el viajero y el peregrino. Su periplo le conduce como primer destino a Compostela; y nuevamente inicia el tiempo de su recorrido en el instante mismo de la partida: *here beginneth the way that is marked, and made with Maunt Joiez from the Lond of Engelond unto Saint Jamez in Galis*[149]. Su objeto parece difuso en el relato, pero parece marcar un viaje devocional iniciado en el punto de origen y desde la importancia del trayecto a recorrer, con la cierta pausa del propio medio como un fin que nos anuncia estas nuevas concepciones.

Otros relatos han tenido mayor peso en la historiografía y permiten mejor definición. La llegada del barón León de Rosmithal de Blana en 1465 coincide con el conflicto entre Bernald Eanes de Moscoso y el prelado Alonso de Fonseca. La catedral se encuentra sitiada, lo cual retrasa y prolonga la estancia en la ciudad en tres jornadas, pero la finalidad de su visita y llegada es clara:

> Llegamos a Santiago el martes, que antecede al día en que se celebra la Asunción. [...] Por esta guerra y discordia no pudimos visitar el templo hasta el tercer día, en que pedimos licencia a aquel barón que lo expugnaba. [...] Ardían en deseos ya de ver aquellos famosos lugares[150].

En un sector ya no solo acomodado sino que cuenta con recursos más que suficientes, como el del barón, el transcurso del tiempo en la ciudad no parece tener incidencia; más parece un ansia viajera. Igualmente la disposición no solo del capital sino del propio tiempo personal ensancha las posibilidades de un tiempo del ocio, aun concebido este como peregrinación o viaje.

---

[148] GARCÍA DE CORTÁZAR, «Viajeros, peregrinos, mercaderes», p. 51.

[149] PLÖTZ, Robert, «Peregrinando por mar: relatos de peregrinos», en *Actas del II Congreso Internacional de Estudios Jacobeos. Rutas atlánticas de peregrinación a Santiago de Compostela*, A Coruña, Xunta de Galicia, p. 68.

[150] MERCADAL, *Viajes de extranjeros*, pp. 259-260.

La espera, no es por supuesto *sine die*; en el relato que compone su acompañante Gabriel Tetzel, se especifica el hartazgo: *molestándonos bastante que mi señor hubiera de partir sin que se le permitiese ver la iglesia*[151].

En la narración del conocido viaje de Nicolás de Popielovo en 1484, el tiempo sigue aplicándose al ocio, pero no en la ciudad en conjunto. El objeto de visita es, exclusivamente, la veneración o visita catedralicia, y de nuevo parece más algo turístico que venerativo:

> Llegamos a Santiago la víspera de Santa María Magdalena, en la ciudad de Compostela, a mil millas. Esta ciudad se halla en Galicia. Al día siguiente, desde Santiago, hice doce millas alemanas a caballo hasta Nuestra Señora de la Barca.

> [...] Desde este lugar volví a Santiago de Compostela, donde, entre muchas cosas, se me enseñó la cabeza de Santiago el Menor, así como de otros santos y algunos restos de Santiago el Mayor, cuyo túmulo existe en la misma iglesia[152].

El calendario litúrgico parece marcar la permanencia y dilatación de la estancia compostelana, aguardando por la celebración solemne. Es lo que explicaría la llegada de la comitiva en 21 de julio, su salida a Nosa Señora da Barca, desde allí a Finisterre, y el regreso a Santiago, para desarrollar la visita catedralicia. Nicolás de Popielovo no comienza inmediatamente, a su llegada, un itinerario por el templo, en la veneración de sepulcro o reliquias, sino que hace recorrido por el entorno comarcal y, en fecha próxima si no exacta del día de Santiago, cumple la visita jacobea. De nuevo parece algo propio, exclusivo diríamos, del sector más acomodado y pudiente: el tiempo, su inmediatez, pierde su condición determinante. Se dispone de él y no es el viaje el que se amolda al tiempo, sino el tiempo en su duración y transcurso, al propio periplo.

Casi más elocuente parece el testimonio de Jean III de Werchin, senescal del condado de Hainault. Caballero esforzado y gustoso de los hechos de armas, en 1 de junio de 1402 emite un desafío público cuando declara su intención de hacer peregrinación a Compostela y anuncia su intención de aceptar, durante el periplo el reto de cualquier caballero que le saliese al

---

[151] *Ibidem*, p. 279.
[152] *Ibidem*, p. 288.

paso y que no obligase a un desvío en su camino de más de veinte leguas[153]. El que Váquez de Parga, Lacarra y Uría denominan «peregrinaje caballeresco» incide en esa percepción hacia la elasticidad de un viaje que se emprende con finalidad pía pero en el cual el itinerario se difumina en su duración y paso. Quizá al igual que aquellos tiempos particulares aunque colectivos que cincelaba Le Goff, el tiempo del burgués (caballero o no) constituye un reloj diferente. Hainault no rechaza los retrasos ni desvíos, siempre y cuando no le distraigan en demasía del objetivo principal. La propia peregrinación es una actividad en sí misma, pero se adereza de los placeres y emociones propios de quien dispone no solo de medios sino del preciado bien del Tiempo.

El tiempo que el viajero emplea no es concebido aquí, y desde este grupo privilegiado, como un lapso rápido con finalidad oratoria. Tampoco es un discurrir lento desde una voluntad de peregrinación, aunque en este sentido el trayecto constituye también un objeto en sí mismo. No hay necesidad de marcar un límite en la disponibilidad, ni económico ni de estancia, pues incluso cuanto más se demore el protagonista mayor puede llegar a ser el beneficio o el disfrute. Comerciantes pre-renacentistas e *il dolce far niente*.

***

Caminos polvorientos, rutas agrestes, pasos por ciudades, bosque, mar y costa. Caminos y viajes con finalidades diversas que ofrecen la perspectiva de dimensiones igualmente varias en la percepción del entorno que generan. Una percepción material, en parte; pero especialmente inmaterial. Es el mundo de las ideas, de las nociones: de los tiempos. Los cambios en los

---

[153] En su motivación *pour aller à monseigneur saint Jacques en Galice*, precisa tal condición caballeresca: *tout les gentilshommes de la condition dessudite que je trouverai, moi allant audit voyage et retournat jusques en la dessis nomeèe ville de Coucy, qui me voudrount faire tant d'honneur et de grâce de me déliver de pareiiles armes ci–dessus devisées à cheval, et me haille juge raisonnable, sans m'eloigner de mon droit chemin plus de vint lieues, ni mon reculer du chemin.* El episodio se recoge en la *Chronique* de Enguerrand de Monstrelet, producida hacia 1450 (BNF, fr. 2683). Ed. Buchon, J. A., *Chroniques d'Enguerrand de Monstrelet*, vol. 1, Paris, Verdiére Libraire, 1886, p. 90. La edición cifra el hecho tomado de cartas que signadas como Biblioteca real, nº 8407. En torno a personaje y a esta referencia concreta, ver: Paravicini, Werner, «Jean de Werchin, sénéchal de Hainaut, chevalier errant», en Françoise Autrand *et al.*, *Saint-Denis et la royauté: Études offertes à Bernard Guenée*, Paris: Éditions de la Sorbonne, 1999 <http://books.openedition.org/psorbonne/22163, pt. 16>. Aludían ya en su día, aun sin referencia a la fuente, Vázquez de Parga, Lacarra y Uría, *Las peregrinaciones*, vol. 1, p. 89.

usos del desplazamiento, la complicación progresiva de las formas litúrgicas asociadas al trayecto y su sentido, la cumplimentación de funciones y ritos, traen consigo un proceso tan evidente como susurrado y notable para el individuo medieval: el tiempo importa, pero es elástico.

Recorrido el trayecto, sea cual fuere su finalidad, su duración, o su premura, el protagonista se encuentra con la ciudad. Muralla, barrios, calles y catedral para albergar las formas urbanas de una devoción cuyo cambio en el sentido se deja ver en el propio cambio de la materialización ciudadana. La estancia entre sus callejuelas y, especialmente, la interacción con los edificios varios y principalmente con su catedral, así como las morfologías que van tomando cuerpo en ella principalmente desde el siglo XII, encapsulan una diferente forma de concebir el tiempo. Ahora ya no es un individuo en camino, sino un individuo que camina por la ciudad medieval de Compostela.

4

EL TIEMPO EN LA CIUDAD DE SANTIAGO
EDIFICIO, CULTO Y MENTALIDAD

El desarrollo anterior se ha ocupado fundamentalmente de la relación entre idea, individuo, y desplazamiento en sus diversas dimensiones y en las formas adquiridas por sus cambios en el tiempo. Su tratamiento en la historiografía había sido poco transitado, pero no desconocido desde unas referencias textuales y documentales cuya interpretación permite cierta seguridad. Pero el ángulo que observaremos a continuación permanece en la penumbra de aquellas esquinas poco iluminadas por las fuentes que utiliza el medievalista. Conviene ampliar los aumentos del microscopio. Nuestro estudio no se centra, a seguir, en las ideas presentes a lo largo del itinerario, sino en las formas y nociones que se generan en la mente del propio individuo a través de su interacción con los armazones físicos de la ciudad medieval y, especialmente, mediatizadas por el culto que se desarrolla en ellas.

En esta perspectiva, por supuesto, la catedral tendrá mucho que decir. Como es notorio, no estamos ante un ente estático, aunque lo parezca. Se trata de una forma física activa que cambia a la vez que condiciona su espacio circundante, y que muda además con los cambios de las funciones que se desarrollan en su interior. Las variaciones progresivas de la liturgia y su sentido modifican al tiempo construcciones, prácticas y posibilidades en la basílica compostelana medieval. Y en una dimensión menos evidente, ello dejará una huella perceptible, y de nuevo ensanchadora, en la noción temporal del visitante[154].

La materialización de la arquitectura sacra de Santiago de Compostela, especialmente en torno a su catedral románica, y de unas nuevas y múltiples formas de culto, no es ajena al concepto de tiempo que se forma en la mente de aquel que acude a la ciudad en peregrinación durante los siglos centrales de la Edad Media. En su análisis creo que hemos de multiplicar las fuentes, de manera que conviene considerar no solo las posibles notariales o las referencias fragmentarias de relatos de peregrinos, que en efecto ofrecen testimonio de las percepciones temporales y de su estancia devocional en Compostela, sino igualmente los dictámenes conciliares y constituciones capitulares compostelanas en torno al funcionamiento litúrgico en el templo[155], incorporando a ellas un análisis de las variaciones arquitectónicas, generadoras de nuevas formas cultuales que matizan el comportamiento del individuo.

Culto, ciudad e individuo. Foráneo, parece; pero igualmente, claro, calles holladas por vecinos y oriundos. Porque también la población compostelana desarrolla unas formas propias (igual que la de cualquier ciudad medieval) en torno a sus concepciones y formas de ver la vida. Algunas de ellas, alcanzando con poco cambio el tiempo presente. En este sentido, creo que conviene anteceder la perspectiva individual foránea, de una muy breve pero necesaria mirada particular a la vecindad, principalmente observando aquellos ritmos de percepción temporal en relación con los desplazamientos más cercanos, con los que la urbe medieval de Compostela late y que alcanzan a su entorno. Y aquí (como hoy) las romerías llevan la delantera.

---

[154] En una primera y muy somera aproximación a la mentalidad colectiva en el entorno urbano de Compostela, aunque más próxima a lo ciudadano que a lo peregrinatorio: SÁNCHEZ, *Iglesia, mentalidad*, pp. 279-299. No es nueva la determinación de los espacios litúrgicos compostelanos en modelado del templo. Ver, por ejemplo: CENDÓN, Marta, «La meta es Santiago. Arquitectura e iconografía de la catedral en tiempos de Gelmírez», en MONTEIRA ARIAS, Inés (ed.), *Los caminos a Santiago en la Edad Media: imágenes y leyendas jacobeas en territorio hispánico (Siglos IX a XIII)*, Madrid, UNED – Universidade de Santiago de Compostela, 2018, pp. 112-113.

[155] Principalmente los tres Libros de Constituciones del Archivo-Biblioteca de la Catedral de Santiago, así como el conocido como Tumbillo de Concordias: ACS, CF19 a CF21; ACS, CF24. En torno a los códices, ver: ARES LEGASPI, A., «Escribir para gobernar: los tres 'Libros de Constituciones' medievales de la Catedral de Santiago de Compostela», *Hispania Sacra*, 73/148 (2021), pp. 339–350, especialmente 340-342. Y en cuanto a las recopilaciones sinodales, ver: GARCÍA Y GARCÍA, *Synodicon hispanicum*, pp. 257-335; JUSTO FERNÁNDEZ, J. «Los concilios compostelanos medievales (1120-1563). Edición crítica», *Annuarium Historiae Conciliorum*, 33/2 (2001), pp. 314-404.

4.1. Un tiempo urbano entre romería y vecindad

El título de este breve epígrafe se plantea aquí entre dos conceptos porque el desplazamiento venerativo no tiene por qué ser siempre de larga distancia. Y porque ese mismo no tiene por qué ser *solo venerativo*. Las poblaciones tanto urbanas como aquellas del entorno, van marcando en parte sus tiempos anuales, desde los hitos litúrgicos de las celebraciones devocionales. El calendario de santos y patronos se complejiza progresivamente al mismo ritmo en que se fortalece el tejido urbano en aquella expansión plenomedieval, y se cincela la arquitectura del año litúrgico. Y así en el Occidente medieval, campan una serie de celebraciones populares y desplazamientos varios que empiezan a modificar espacios y tiempos de las comunidades rurales y urbanas. Un proceso en el cual, desde una ojeada somera a la Galicia medieval, las *romerías* constituyen probablemente el principal exponente.

Cumple quizá precisión terminológica, pues en tiempo medieval peregrinación y romería constituyen conceptos en cierto punto equivalentes y que se alejan de los desplazamientos locales; así figuran por ejemplo, en la delimitación normativa que les confiere Alfonso X en las Partidas. Las tomaremos aquí en su sentido más contemporáneo, recogiendo la segunda y tercera acepciones que cifra la RAE (2) «fiesta popular que con meriendas, bailes, etc., se celebra en el campo inmediato a alguna ermita o santuario el día de la festividad religiosa del lugar» y (3) «gran número de gente que afluye a un sitio».

No hemos de considerar sinónimos ambos fenómenos, peregrinación y romería de carácter local, aunque ambos impliquen un desplazamiento poblacional, personal, de matiz devocional y promotor de un culto. Hace ya cierto tiempo que Fernando López Alsina había dado forma y definición a ambas esferas, en un armazón metodológico que podemos permitirnos recoger. Por una parte, hablamos de un desplazamiento devocional para celebrar la festividad del patrono de un templo en un día concreto y señalado en el calendario litúrgico, en lo que Alsina calificaba como «romería rural»[156]. Y por otro concretamos flujos culturales que mueven contingentes poblaciona-

---

[156] LÓPEZ ALSINA, Fernando, «Los espacios de la devoción: peregrinos y romerías en el antiguo reino de Galicia», en *Viajeros, peregrinos, mercaderes en el Occidente medieval. XVIII Semana de estudios medievales. Estella '91*, Pamplona, Gobierno de Navarra, 1992, p. 174.

les más distantes y sin la marca necesaria de la obligatoriedad periódica. La consideración propia de *romería* es, en efecto, oscura, pues se emplea en no pocas ocasiones para la denominación peregrinatoria más general[157], pero sirve igualmente para diferenciar desplazamiento transitorio, de celebración patronal y mayormente local, de la práctica de recorrido más extenso, amplio y lejos de la fiesta del patrono.

Cuando el prelado Pedro Suárez de Deza, dispone en 1200 el cobro de arriendo de tiendas a concheros alude precisamente a *la peregrinación que se hace desde Pascua a Pentecostés y en la peregrinación de Otoño, es decir, en la que se hace desde la fiesta de San Miguel a la de San Martín*[158]. La referencia remite al movimiento de personas y presencia en la ciudad, pero parece que entremezclada con veneraciones que van más allá de lo propiamente jacobeo. Las devociones populares, quizá matizadas igualmente por los ciclos productivos, hubieron de marcar en parte los tiempos de estos viajes internos y relativamente cercanos: locales, casi, o regionales cuando menos, y más próximos a esas «romerías rurales».

Aun de manera lateral para nuestra materia, las festividades y celebraciones parecen marcar en efecto la afluencia en lo local y el ritmo urbano. Es así que se buscan los momentos de mayor afluencia para la expansión de las noticias, desde el disfrute de un tiempo festivo que se mezcla, de nuevo, con lo litúrgico. El sínodo compostelano de 1257-1269 dispone su comunicación de indulgencias a feligreses y en la diócesis en *diebus dominicis et festiuis*[159]. Poco ha de tener ello que ver con las formas de circulación y concepción del tiempo del peregrino en la ciudad de Santiago, pero sí ayuda a entender el armazón que marcaba ese tiempo para la población del entorno compostelano, en extensión hasta límites diocesanos como mínimo.

Igualmente, la influencia de tales fluctuaciones locales en el año tiene, en lo socioeconómico, su traducción. La confirmación de Gregorio IX en 1241 a una constitución capitular para la gestión de óbolos, remite a las

---

[157] RAMELLO, Laura, «'Nuestra deliberación es de ir en romería': pellegrinaggio e pellegrini nella narrativa cavalleresca spagnola (XV-XVI secolo)», *Ad limina. Revista de investigación del Camino de Santiago y las peregrinaciones*, 12 (2021), pp. 162-163.

[158] ACS, Tumbo C, fol. 82. Ed. LÓPEZ FERREIRO, Antonio, *Fueros municipales de Santiago y de su tierra*, Santiago de Compostela, Imp. y Enc. del Seminario C. Central, 1895, p. 109.

[159] GARCÍA Y GARCÍA, *Synodicon hispanicum*, p. 271.

variaciones *secundum varietates temporum et peregrinorum frequentiam*[160]. Y ello no tiene por qué aludir a las condiciones de la peregrinación de procedencia europea o peninsular, sino que también puede verse afectada por estos propios ritmos locales. Es más, cuando la revuelta compostelana de 1317-20 afecta a las posibilidades de veneración en el templo, una de las comunicaciones del papa Juan XXII, alude de hecho a *peregrinos et alios de civitate ac diocesi compostellane ad eandem ecclesiam assidue concurrentes* añadiendo una calificación notable: *sepius oriunda*, «generalmente oriundos»[161].

Como se ha planteado ya en otras ocasiones las formas de la peregrinación local, regional acaso, en torno a la ciudad compostelana vienen especialmente marcadas por estas devociones populares y de manera probable por la coincidencia consciente con las rogativas estacionales[162]. El carácter agrario de la economía circundante de la ciudad de Compostela toma naturaleza en la presencia en los calendarios más locales de las *témporas*, unos usos de rogación peticional de buenas cosechas y productividad de los campos, al mismo tiempo que de indagación sobre el clima; unos modos que, en parte, se han transmitido hasta la actualidad. Tales rogativas, salpicadas a lo largo del año, santifican y rellenan el compás del tiempo productivo con empleos litúrgicos particulares. El proceso concreto se materializa en un oficio y rogación celebrado al inicio de las estaciones, cuya cadencia incorpora una marca litúrgica al tiempo productivo para ofrecer finalmente un armazón temporal en el año a medias entre culto y producción[163].

Ello da lugar a cuatro momentos, cuatro témporas, en que el individuo agradece lo pasado con ayuno y ofrece lo futuro con rogativa. Tal y como recogen las Partidas de Alfonso X *por esta razon ayunan las quatro temporas*[164]. Son cuatro, jalonando el año agrario, porque no coinciden con los tiempos litúrgicos sino de las cosechas: tercera semana de Adviento, correspondiendo con el invierno; primera semana de Cuaresma para la primavera; tras Pentecostés para el verano; y la tercera semana de septiembre, de cara al otoño.

---

[160] ACS, Tumbo B, f. CCLXVIIr-v. Edita GONZÁLEZ BALASCH, *Tumbo B*, doc. 325, pp. 615-616.
[161] AAV, Reg. Av. 10, folio 260v°.
[162] Ver ya, en parte: SÁNCHEZ, *Iglesia, mentalidad*, p. 187.
[163] GARCÍA DE CORTÁZAR, *Historia religiosa*, p. 98.
[164] *Partidas*, Part. 1, tit. XIX, ley II.

Y en medio, dichos cultos se verían modelados por las formas devocionales de mayor empuje, de entre las cuales la ciudad de Compostela ejercería cierta atracción. En la generalidad, es clara la coincidencia de la témpora de invierno con el día de Santa Lucía, momento en que los días comienzan a crecer de nuevo, o las festividades de Santo Tomás y San Fructuoso, el 16 de diciembre, y de Santa María de la O, o de la Expectación, el 18, que destaca la narración de la estancia compostelana de de Jerónimo Münzer en 1494[165].

Reuniones, grupos y algarabías que rodean templos y capillas de la ciudad, campos de fiesta adyacentes a templos, o que generan rutas y procesiones de entidad diversa. En Compostela, tales itinerarios devocionales, cobran especial importancia en el más central de sus santuarios, la catedral, cuyo examen cumple ahora desgranar. La tomaremos aquí no tanto como espacio material y edificio litúrgico, sino como hogar de cultos y prácticas variados que se desarrollan en ritmos diferentes durante los siglos XII y XIII, desde la hipótesis de que ello modificará de manera indirecta la percepción del tiempo que tiene el individuo que camina bajo sus bóvedas.

4.2. Tiempos y espacios catedralicios a lo largo del siglo XII

Zambulléndose entre el ajetreo del vecindario, entre ofrendas y ferias, romerías y procesiones, el caminante, el viajero, llega por fin a Compostela. La llegada a la urbe compostelana con fin devocional tiene un sentido claro, y sin embargo, como hemos comprobado, variable en la percepción de sus tiempos. Poco a poco las vías tendentes hacia Santiago habían ido dejando atrás su carácter de *strata* para *euntes et redeuntes*, para reforzar una calidad de espacio de beneficio espiritual a través del propio recorrido[166]. Alcanzada ahora la meta, con el o la protagonista recorriendo ya las callejuelas de la ciudad, ha de dedicarse a aquello para lo que ha venido: rendir culto.

Conocemos en lo genérico lo que se requiere del peregrino. Una vez alcanza su destino en las *peregrinationes maiores*, se abre el paso a una li-

---

[165] MERCADAL, *Viajes de extranjeros*, pp. 359-362.

[166] En cierta concreción en torno a las formas de lo espacial y la sacralización compostelana: SINGUL LORENZO, Francisco, «La sacralidad del espacio en el Camino de Santiago», *La corónica: A Journal of Medieval Hispanic Languages, Literatures & Cultures*, 2 (2008), pp. 281-285.

turgia relativamente medida, que circula sobre diversos lugares comunes y que a nadie extrañan. El centro se cifra en la confesión, como desarrollo de una acto de reconocimiento penitencial, la comunión, como evidencia de la participación eucarística, y por supuesto la veneración, como cumplimento de manera definitiva del culto para el que cual se había emprendido el viaje[167]. No son actividades únicas. Por entre ellas, por entre sus momentos y tiempos, se abren posibilidades menores, ofertas a medio camino entre lo devocional y un acaso incipiente turismo religioso que se construyen desde materialidades nuevas y modificaciones litúrgicas para dar lugar a cultos adyacentes.

En nuestro caso todo ello, tanto un desempeño más obvio y como los recorridos menores, tiene lugar por supuesto en el entorno donde se desarrolla principalmente la reverencia jacobea: el interior de la catedral compostelana. El templo experimenta con los siglos las metamorfosis que le son propias en su articulación con la sociedad circundante y el propio culto. Las basílicas menores, quizá una más antigua, pero seguro la de Alfonso III, las reformas posteriores, la nueva edificación románica, o los añadidos gelimirianos herederos de la reforma, son todos ellos, y muchos más apenas perceptibles (espacios liminares, visiones individuales) hogar de una liturgia explicativa que se modifica al mismo paso y acoge al visitante. Y mientras, a su alrededor, una ciudad llena de actividad ofrece al recién llegado los mismos servicios que cualquiera otra urbe de tamaño medio en el Occidente medieval, en un callejero que ha ido tomando forma de manera concéntrica partiendo del *locus sanctus*[168].

---

[167] DELUZ, Ch., «Les pèlerins français dans les 'peregrinationes maiores'», en *Peregrino, ruta y meta en las peregrinationes maiores. VIII Congreso internacional de estudios jacobeos*, Santiago de Compostela, Xunta de Galicia, 2012, p. 113.

[168] En la relación del edificio con la ciudad circundante: CASTIÑEIRAS GONZÁLEZ, M. A., «La catedral medieval: la dilatada historia de la obra románica y su epílogo bajomedieval», en YZQUIERDO PEIRÓ, Ramón (ed.), *La Catedral en los Caminos. Estudios sobre Arte e Historia*, Santiago de Compostela, Fundación Catedral de Santiago, 2020, p. 281. De igual manera, la propia urbe en desarrollo de las formas de la mentalidad medieval y las líneas devocionales, genera sus propios circuitos y recorridos de veneración. Ver: SORALUCE BLOND, J. R., «La ciudad medieval: símbolos y elementos decorativos», *Abrente*, 42-743 (2021-2011), pp. 30-33. En torno a la perspectiva catedralicia, en genérico, y su inserción en el fenómeno urbano, ver las visiones diversas del volumen colectivo: LUCHERINI, V.; BOTO VARELA, Gerardo (eds.), *La cattedrale nella città medievale: i rituali*, Roma, Viella, 2020, pp. 39-158.

Tal como hemos definido anteriormente, el cambio en el modo en que el individuo entiende la disponibilidad temporal en el marco de la peregrinación a Compostela, ha venido en parte marcada por una reglamentación más o menos oficializadora de sus prácticas. Ahora, en la dimensión urbana que aquí nos interesa, este modo cambiante del tiempo parece asentarse sobre un presupuesto diferente. En este nivel más concreto, son esas nuevas formas de culto y liturgia, cuya huella más evidente se nos transmite en las trazas y usos del templo, que parecen actuar como modificadores paulatinos y progresivos de la noción temporal. Y de nuevo su complejización será clave.

El Códice Calixtino señala en alusión a la liturgia compostelana que hasta el momento de su compilación, hacia mediados del siglo XII, no existía una uniformidad en los modos y tiempos de la celebración; algo que el propio texto se propone remediar y que las sucesivas modificaciones hechas en la basílica ayudarán a moldear[169]. La influencia de tal condición sobre la percepción del tiempo es determinante, pues desde la materialización de unos usos estandarizados de culto, que se cincelarán principalmente a lo largo de la centuria y en la siguiente, se extenderá paulatinamente ante el individuo todo un catálogo de prácticas rituales y litúrgicas notablemente ampliadas. Unos usos que no solo es posible cumplimentar, sino que es conveniente hacerlo para quien ya acude *causa peregrinationis*. La inversión cronológica pierde ahí parte de su sentido limitador, más allá de las posibilidades materiales de cada cual. Desempeños varios que se suman, poco a poco, gota a gota, para ir dando forma al tiempo de ese peregrino o viajero en la ciudad.

La noción de Tiempo, de nuevo, se verá modificada ante nuestros ojos, en una progresión lógica, aunque sin olvidar su sometimiento a las capacidades personales y requerimientos particulares. Para su definición conviene seguir tal ampliación de formas cultuales y físicas en el modo en que se complican en su articulación y añaden sucesivamente, para añadirse a su vez a los ritmos individuales del recién llegado.

---

[169] HERBERS, SANTOS, *Liber Sancti Jacobi*, p. 8.

4.2.1. *Reforma, edificio y liturgia. El tiempo en el siglo* xii

Conocemos evidentemente el modo de hacer las cosas. Ya hemos aludido, de soslayo, a los usos litúrgicos, recogiendo la significación de aquello que gestos o sonidos pretenden transmitir, amalgamados en procesos rituales cuya repetición los asienta, con pausa, como formas culturales. Pero de igual manera, conviene recordar su cambio. La liturgia, sea eclesiástica o civil, es esfera de transformación lenta pero certificada. El modo en que se desempeñan los ritos ha tenido varios momentos de reforma a lo largo de los tiempos medievales. Coyunturas en las cuales, desde la guía principalmente de procesos ya políticos ya devocionales, se han promovido modificaciones varias. La reforma que impulsa la orden monástica de Cluny a lo largo del siglo x, principal valedora del culto a las almas, y la llamada «gregoriana», impulsada principalmente por el papa Gregorio VII, a mediados del siglo xi y con una extensión que supera su pontificado, nos ofrecen dos contextos que cambian el modo en que se entienden los cultos, los edificios religiosos, e incluso han matizado ciertas ideas a nivel general a lo largo de todo el Occidente medieval.

Dichas modificaciones son notables en lo evidente, en gestos y procesos rituales ya trabajados desde hacía cierto tiempo, e incluso perceptibles en ciertos matices agazapados, como aquellos a través de sonidos y sentidos, con mayor trabajo en la historiografía más reciente. Pero en lo que a nosotros atañe, los cambios que se introducen han influido a su vez en las ideas sobre las que ellos mismos se sostienen o en aquellas que generan y se mueven en sus márgenes. El examen del Tiempo y su noción cobra aquí total entidad.

No es lugar para recorrer todos los caminos de la reforma en Galicia; aproximaciones varias permiten conocer con cierta seguridad lo que ocurre[170]. Pero desde ahí, y en un proceso que se ha extendido con mayor o menor continuidad entre los siglos xi y xv en procedencias devocionales diversas, conviene atender de inicio a los cambios que la liturgia y el edificio compostelanos experimentan en la primera mitad del siglo xii, durante la prelatura de Diego Gelmírez, (1100-1139/40). Este es el punto de origen de

---

[170] Su visión más reciente, aunque enfocada en el marco monástico, en: PÉREZ RODRÍGUEZ, Francisco J., *Los monasterios del reino de Galicia entre 1075 y 1540 de la reforma gregoriana a la observante*, Santiago de Compostela, Instituto de Estudios Galegos Padre Sarmiento, 2019, pp. 43-146.

las principales formas prácticas del culto compostelano y de los modos de integración de las mismas a lo largo de diversos hitos y recorridos por el interior y exterior del templo[171].

La intención del cabildo y prelatura compostelanos en la primera mitad de esta centuria, como ha expuesto con solvencia David Chao Castro, es precisamente la de dotar de uniformidad y concretar un programa litúrgico ajustado de cara al fenómeno peregrinatorio y a sus necesidades y expectativas[172]. Gelmírez emprende (o continúa, pues parte se había iniciado ya con el obispo Diego Peláez) una reforma en consonancia con los nuevos principios gregorianos: litúrgica, por una parte, con la implantación del rito romano y el abandono de la hasta entonces vigente liturgia mozárabe; constructiva, por otra, con la formulación de una nueva cabecera catedralicia y el planteamiento de diversas reformas sobre la basílica que estaba ya en construcción desde el año 1075[173].

Desde tales presupuestos, se irá modelando progresivamente un templo que favorece el recorrido para el visitante y devoto, junto con el deambular y el acceso a las múltiples capillas, altares y posibilidad de culto a las reliquias[174]. Es de hecho durante la prelatura gelmiriana que el santuario toma las formas físicas que hoy conocemos. Con la ubicación del Altar mayor encima del *locus sanctus*, núcleo central del culto a partir de ese instante. Y también con la apertura de la capilla de la Magdalena, en la cual el peregrino tenía la posibilidad de una oración confesional que nos transmite la *Historia Compostelana* y la celebración de misas matinales; en testimonio del Códice

---

[171] SINGUL, Francisco, *Historia cultural do Camiño de Santiago*, Vigo, Ed. Galaxia, 1999, pp. 103-109. La historiografía ha señalado ya las particularidades que, más allá de lo evidente y sacramental, se desarrollan en el Occidente medieval en cuanto a las formas litúrgicas; ver: PETERSEN, N. H., «Framing Medieval Latin Liturgy through the Marginal», *Religions*, 13/2 (2022), p. 1-2.

[172] CHAO CASTRO, David, «La concreción litúrgica en el santuario apostólico medieval: prelados y capitulares como referentes para el 'corpus' ceremonial, ritual y festivo», en *Ceremonial, fiesta y liturgia en la catedral de Santiago*, Santiago de Compostela, Cabildo Metropolitano de la Catedral de Santiago, 2011, p. 142.

[173] *Ibidem*, p. 150. Igualmente, en torno a la implantación del rito y reforma, desde el siglo XI: LÓPEZ MAYÁN-NAVARRETE, Mercedes, «Culto y cultura en la catedral compostelana en el siglo XI», en SENRA, J. Luis (ed.), *En el principio: Génesis de la catedral románica de Santiago de Compostela*, Pontevedra 2014, pp. 40-44; PORTELA SILVA, Ermelindo, «La Catedral en la Historia. De los orígenes a la Reforma. Siglos IX-XV», en Portela Silva, Ermelindo (dir.), *La Catedral en los Caminos. Estudios sobre Arte e Historia*, Santiago de Compostela, Fundación Catedral de Santiago, 2020, pp. pp. 38-45.

[174] CENDÓN, «La meta es Santiago», pp. 112-113.

Calixtino *ubi decantantur misse matutinalis peregrinis*[175].

Esta determinación de lo matutino ofrece la imagen de una jornada temprana, intensa y plena de actividad. La misa del alba, junto al oficio mayor, comenzaría a distribuir el día y los flujos en altares y capillas diversas, quizá junto a una apertura del altar mayor para el culto. El propio códice nos transmite un episodio alusivo. Cuando el conde de Saint-Gilles, Poncio, quiere visitar el *oratorium, quo corpus apostoli iacet*, para una vigilia nocturna, se lo encuentra cerrado pues *nam most illic fuerat ut post solis occubitum ianuae, donec illucesceret mane, clausae maneret*. Ante ello solicita una apertura excepcional: *rogaverunt edilem, ut eis oratorium aperiret, quatinus nocte illa ante corpus apostolicum vigilias facere potuissent*[176]. La literatura sobrenatural toma a partir de ahí las riendas, pues le sigue la narración del milagro que se produce cuando unas oraciones de los peregrinos consiguen abrir con su devoción las puertas. Pero nos importa más lo que implica el relato en sí a mediados del siglo XII: la costumbre del cierre del oratorio que hay en el edículo durante la noche parece asentada, y la jornada viene marcada por la propia extensión del día, con la apertura del punto de veneración ya desde el amanecer.

De esta manera, y sobre estos espacios, el transcurso e itinerario individual a lo largo del templo para aquel que llega en viaje peregrinatorio, se concretan en lo que Carrero Santamaría ha caracterizado como una «paraliturgia» desarrollada para dar satisfacción a las necesidades de ese culto devocional[177]. El transcurso circulará por ciertos lugares comunes, en entornos y ritos, de definición conocida. Principalmente: la visita al Altar Mayor, como espacio que vincula directamente al orante con el sepulcro; la asistencia a la misa matutina en la capilla de la Magdalena; y el rito del

[175] HERBERS, SANTOS, *Liber Sancti Jacobi*, p. 254. Ver: CHAO, «La concreción litúrgica», p. 158. En torno a la cuestión y referencias, ver: CARRERO SANTAMARÍA, Eduardo, «El altar mayor y el altar matinal en el presbiterio de la Catedral de Santiago de Compostela. La instalación litúrgica para el culto a un apóstol», *Territorio, Sociedad y Poder*, 8 (2013), p. 23. Este oratorio, además de un carácter funcional, controvertido aun en sus formas (*ibid.*, pp. 26-27) constata una orientación teológica ya señalada por Serafín Moralejo: a los pies del altar del Salvador, y junto a la cabecera del sepulcro de Santiago. MORALEJO ÁLVAREZ, Serafín, «La imagen arquitectónica de la Catedral de Santiago de Compostela», en *Atti del Convengno Internazionale di Studi Il Pellegrinaggio a Santiago de Compostela e la Letteratura Jacopea, Perugia 23-24- 25 settembre 1983*, Perugia, Università degli Studi di Perugia, 1983, p. 44.

[176] HERBERS, SANTOS, *Liber Sancti Jacobi*, p. 174.

[177] CARRERO, «El altar mayor», p. 47.

abrazo al apóstol, probablemente a partir del siglo XIII. Un conjunto de prácticas de matriz litúrgica que a la par han de marcar el transcurso de las jornadas.

Dichas actividades se constatan como fundamentales en el desempeño personal de la devoción jacobea y ofrecen al recién llegado una ocupación clara. A mayores, para nuestro objeto conviene señalar otros transcursos que se añaden a los principales. Circuitos menores que proliferan igualmente en definiciones progresivas a lo largo de esta plena Edad Media y que recogen la reforma de culto y edificio para completar la propia oferta devocional.

En primer lugar en todo este entorno que tiene como centro el sepulcro atribuido al apóstol Santiago, se van implantando en las capillas catedralicias, en añadidura, ciertas devociones que conforman una suerte de recuerdo al peregrino de aquellos santos que se había ido encontrando en su ruta hasta Compostela y que abren otra posibilidad de recorrido devocional. De manera general, en su definición progresiva, el trayecto había sacralizado su transcurso en un itinerario salpicado de centros devocionales menores. Templos, capillas e iglesias, en villas y urbes incipientes o consolidadas, definen una presencia relativamente continuada de reliquias y devociones para determinar un catálogo de cultos brindado al caminante al tiempo que dirige sus pasos hacia el destino final del sepulcro compostelano[178]. En recuerdo de estas devociones, a inicios del siglo XII, se dota al templo compostelano en construcción de ciertos puntos de veneración que completaban el panorama de manera adyacente al jacobeo[179]. Así va tomando forma en el interior catedralicio un recorrido que distribuía aquel compendio de devociones en lo que Robert Plötz ha denominado «memoria litúrgica»[180]: oratorios en recuerdo y renovación cultual de los mismos santos que habían estado ya presentes en otros templos a lo largo del Camino y que el individuo se había ido encontrando[181].

---

[178] LÓPEZ ALSINA, «Los espacios de la devoción», p. 186.

[179] CHAO, «La concreción litúrgica», p. 152.

[180] PLÖTZ, Robert, «Memoria, de peregrinación y de peregrinos», en CAUCCI VON SAUCKEN, Paolo (ed.), *Santiago, Jerusalén, Roma. Actas del III Congreso Internacional de Estudios Jacobeos*, Santiago de Compostela, Xunta de Galicia, 1999, p. 283.

[181] Sobre tales espacios se ha argumentado cierta diferenciación en las propias formas temporales en el propio culto, con preferencia de la misa de prima para los peregrinos y una mayor

Tal ampliación en cultos y distribución a lo largo del edificio que se estaba construyendo, complementa un recorrido interno, devocional, pausado, que vincula la llegada del que peregrina con el contenido que había experimentado en su ruta, ofreciendo un dinamismo litúrgico que organiza no solo el propio espacio sino el flujo de los individuos[182]. Ciertamente, es algo que parte del momento de Gelmírez, en el primer tercio de la centuria; un contexto en el cual se desarrollan también las formas de acercamiento individual al Altar Mayor, ahora protegido por una reja, en deseo de aproximarse a unos restos apostólicos que en el templo no son visibles[183]. Pero es igualmente notable que su intensificación corresponde en realidad a la segunda mitad de la centuria, en una renovación de las formas litúrgicas de la catedral sobre el uso de estos nuevos espacios[184]. El momento tampoco es casual: el tiempo más intenso de la peregrinación compostelana.

La descripción que hace el Códice Calixtino del templo compostelano y su distribución, con el espacio ya definido, nos ofrece una imagen nítida de la disposición interna. Tras la Capilla Mayor, de dedicación jacobea, se abrirán, en su prolongación la del Salvador, y las capillas de la Santa Cruz, San Nicolás, San Pedro, San Martín, Santa Fe, San Andrés, San Juan Evangelista, y la de La Magdalena. A ellas hemos de añadir tres oratorios y altares más concretos y de condición particular: las capillas con los restos de los santos san Cucufate, santa Susana y san Fructuoso, que habrían llegado a la sede través del llamado *pío latrocinio*, hurto efectuado por Gelmírez a la sede de Braga en 1102 y transmitido por la *Historia Compostelana*[185]. Aun sobre un debatido uso generalizado del deambulatorio por la historiografía[186], esta

presencia capitular a lo largo de la jornada (CARRERO, «El altar mayor», p. 41). En nuestro caso poco afecta, a mayores de extender incluso más la presencia personal en el templo.

[182] MORALEJO, «La imagen arquitectónica», p. 45.

[183] CARRERO, «El altar mayor», p. 48.

[184] CASTIÑEIRAS, «La catedral medieval», pp. 315-323.

[185] Se ha dedicado a la cuestión, en los últimos tiempos, Rafael Fandiño, con notables aproximaciones a fondo y forma. Ver, principalmente: FANDIÑO FUENTES, R., «La *translatio* de los santos mártires de Braga a Compostela. Reflexiones sobre el capítulo I, 15 de la Historia Compostelana», *Cuadernos de estudios gallegos*, 64/130 (2017), pp. 119-140; FANDIÑO FUENTES, R., «Las reliquias de los santos y mártires bracarenses y su localización en la Compostela de 1102. Una propuesta alternativa», *Ad Limina. Revista de Investigación del Camino de Santiago y de las Peregrinaciones*, 10 (2019), pp. 27-50.

[186] CARRERO SANTAMARÍA, Eduardo, «La Catedral de Santiago de Compostela en tiempos del Codex Calixtinus. Espacio arquitectónico y ceremonia en torno al proyecto románico», *Quodlibet*, 75/1 (2021), pp. 53-54.

presencia de devociones familiares al peregrino tras su devenir, certifica la relación entre la estancia urbana y el trayecto desde un sentido acaso en recuerdo y renovación de su camino reciente. De hecho su uso parece mantenerse hasta el final del período, pues en la visita de Nicolás de Popielovo en 1484, en un relato más próximo a la literatura de viajes, recoge que «entre muchas cosas, se me enseñó la cabeza de Santiago el Menor, así como de otros santos y algunos restos de Santiago el Mayor, cuyo túmulo existe en la misma iglesia»[187]. En todas ellas, en cualquier caso, oficio, rezo y comunión eran posibles y recomendables.

Otros espacios en los que detenerse a lo largo del templo van tomando cuerpo con el transcurso de la centuria. El tiempo de reforma parte, en su fundamento, no solo de cuestiones litúrgicas sino, y principalmente, de propuestas teológicas y eclesiales; una profundización en la lectura sacra de espacios, tiempos, actos y relaciones sociales, que intentaba recuperar el paso de la Iglesia occidental tras el complejo periplo de los siglos IX a XI. Y así, no es extraña una lectura propiamente teológica de recorridos y contenidos aplicada a determinados espacios y representaciones en este momento[188].

---

[187] PLÖTZ, Memoria de peregrinación, p. 282. Lo que García Iglesias denomina «sentido rememorativo del camino de peregrinación». GARCÍA IGLESIAS, José Manuel, «Espacios y percepciones. María Magdalena en la catedral de Santiago de Compostela», Quintana, 2 (2003), p. 42. MERCADAL, Viajes de extranjeros, p. 299.

[188] La cuestión goza de cierta profundidad tanto en los estudios tradicionales como desde ciertas aproximaciones renovadoras en los últimos tiempos. Ver, principalmente: CASTIÑEIRAS GONZÁLEZ, Manuel Antonio, «La catedral románica: tipología arquitectónica y narración visual, Santiago, la Catedral y la memoria del Arte», en NÚÑEZ RODRÍGUEZ, Manuel (ed.), Santiago, la catedral y la memoria del arte, Santiago de Compostela, Consorcio de Santiago, 2000, pp. 60-69; CASTIÑEIRAS GONZÁLEZ, Manuel Antonio, «La meta del camino: La catedral de Santiago de Compostela en tiempos de Diego Gelmírez», en LACARRA DUCAY, María del Carmen (ed.), Los caminos de Santiago. Arte, Historia y Literatura, Zaragoza, 2005, pp. 213-252; CASTIÑEIRAS GONZÁLEZ, M. A., «The Topography of Images in Santiago Cathedral. Monks, Pilgrims, Bishops, and the Road to Paradise», en D'EMILIO, James (ed.), Culture and Society in Medieval Galicia. A Cultural Crossroads at the Edge of Europe, Leiden – Boston, Brill, 2015, pp. 631-694; CASTIÑEIRAS, Manuel, «Diego Gelmírez, un committente viaggiatore: dalla Porta Francigena all'altare maggiore della Cattedrale di Santiago», en CARLO QUINTAVALLE, Arturo (de.), Medioevo: I Committenti, XIII Convegno Internazionale di Studi, Parma, 21-26 settembre 2010, Parma-Milano, Mondadori Electa, 2011, pp. 272-273; NODAR FERNÁNDEZ, Victoriano, El bestiario de la Catedral de Santiago de Compostela. Espacio, función y audiencia, Santiago de Compostela, Consorcio de Santiago, Andavira Editorial, 2021, pp. 131-257; YZQUIERDO PERRÍN, Ramón, «Diego Gelmírez y los inicios del Románico en Galicia, O século de Xelmírez», en LÓPEZ ALSINA, Fernando (ed.), O século de Xelmírez, Santiago de Compostela, Consello a Cultura Galega, 2013, pp. 238-242.

En lo concreto, es conocida la elaboración en Compostela de la composición conocida como *Polycarpus*, recopilación canónica con sentencias de los Santos Padres, realizada por el cardenal de San Crisógono Gregorio entre los años 1105 y 1113 por disposición de Diego Gelmírez[189]. La obra, relativamente bien conocida por la historiografía[190], discurre en efecto, a modo de reper-

Ejemplo de arqueta; taller compostelano, s. XV. Museo de las Peregrinaciones y de Santiago, D-254.

torio en torno a lecturas teologales y trascendentales de las principales nociones eclesiásticas de su tiempo. Pero además, su aplicación más práctica, quiero decir, la plasmación plástica de aquellas ideas que compila y formula, parece haber fundamentado algunas de las figuraciones catedralicias. Es el caso del programa iconográfico que observamos, o que podemos intuir tras las diversas reformas, en la puerta llamada «de Platerías»[191].

Hemos de añadir diversas celebraciones estacionales, propias de cada tiempo litúrgico así como la forma procesional y cultual de determinadas festividades[192]. La nueva dimensión del templo se determina recogiendo to-

---

[189] BNF, Latin 3881 <https://gallica.bnf.fr/ark:/12148/btv1b100732694>. Se conserva igualmente una copia en BAV, Ms Lat. 1354, probablemente producida en el *scriptorium* compostelano. NODAR FERNÁNDEZ, Victoriano, «Polycarpus», en *Compostela y Europa. La historia de Diego Gelmírez*, Santiago de Compostela, Xunta de Galicia, 2010, p. 354.

[190] Acerca del manuscrito: KERY, Lotte, *Canonical Collections of the Early Middle Ages (ca. 400-1140). A Bibliographical Guide to the Manuscripts and Literature*, Washington D.C, Catholic University of America Press, 1999, pp. 266-269; ARRIETA OCHOA DE CHINCHETRU, José Ramón, «Comentario para una edición crítica del 'Liber I' de la colección canónica 'Polycarpus'», *Cuadernos doctorales: derecho canónico, derecho eclesiástico del Estado*, 23 (2009), pp. 136-138; MARCOS RODRÍGUEZ, Florencio, «Tres manuscritos del siglo XII con colecciones canónicas», *Analecta Sacra Tarraconensia*, 32 (1959), pp. 44-48.

[191] Castiñeiras González, M. A., «Platerías: Función y Decoración de un 'Lugar Sagrado'», en *Santiago de Compostela: Ciudad y Peregrino. Actas del V Congreso Internacional de Estudios Jacobeos*, Lugo 2000, pp. 296-297.

[192] CARRERO, «La Catedral de Santiago de Compostela en tiempos», pp. 63-64.

dos estos usos y gestionando un flujo de multitudes de mayor o menor entidad que evite el entorpecimiento en los recintos principales[193].

Todo este cambio es material, físico y de comportamiento. Pero el proceso afecta y modifica igualmente, de manera paulatina, la percepción del tiempo cronológico que tiene el individuo una vez llegado a la ciudad, de igual manera que la codificación y estandarización de las formas lo había hecho a nivel más global. La *causa peregrinationis* mantiene en su llegada un vínculo indisoluble del peregrino con el espacio recorrido, y de igual forma mediatiza el tiempo que ahora se invierte durante su estancia en la ciudad. He propuesto una ampliación en la noción del tiempo disponible por el individuo en la ruta. Ahora, creo que esta tiene lugar igualmente en torno a aquel disponible para el culto durante su estancia en la ciudad. De nuevo, el fin ya no era simplemente orar, sino experimentar el espacio sacro, litúrgico, purificador, tras el trayecto que se había completado. Y ello ocurre ya desde diversas formas salpicadas por el edificio en una dimensión que transcurre con relativa pausa entre práctica, espacio y tiempo; una esfera que se hace más cada vez compleja a través de la añadidura de posibilidades.

Esta extensión del tiempo toma forma en itinerarios litúrgicos diversos circunscritos al espacio de los muros catedralicios –a mayores de otras iglesias de la ciudad[194]– de penetrante orientación espiritual, aunque de variada y casi insondable percepción por cada cual. Aun dentro de las posibilidades individuales, ese tiempo se torna de nuevo elástico, pues su inversión en las ciertas prácticas exigidas o sugeridas que como hemos visto se iban añadiendo progresivamente a las formas propias y fundacionales del culto jacobeo, se concibe como conveniente en determinados recorridos con los que el recién llegado habría de cumplir o, cuando menos, como una posibilidad asentada. Y todo ello en espacios devocionales perfectamente reconocibles a través de unos santos que le habían acompañado ya en su periplo.

El tiempo transcurrido en rendir culto en estos espacios, sea el que fuere, es una inversión conveniente para completar el objeto de la peregrinación, en un culto devocional que desde los siglos XI-XII se encuentra ya

---

[193] CHAO, «La concreción litúrgica», 153.

[194] Ver de manera gráfica: FRAGA SAMPEDRO, Mª Dolores; RÍOS RODRÍGUEZ, Mª Luz, «Aproximación a la topografía espiritual de Santiago en la Baja Edad Media: antiguas y nuevas devociones», *Ad Limina. Revista de Investigación del Camino de Santiago y de las Peregrinaciones*, 5 (2014), p. 53.

mucho más definido. Sobre un edificio arquitectónicamente ya asentado y próximo a su consagración en 1211, adecuado a nuevos usos y ritos, y desde una vuelta de tuerca a las devociones urbanas, ello no hará sino añadir nuevos recorridos y posibilidades en la centuria siguiente.

4.3. Los cambios del siglo XIII. Tiempos, Recorridos y Espacios

El Doscientos es tiempo de cambio en lo que a sociedad y economía se refiere. Las modificaciones son pausadas pero de peso, y el historiador acaba leyendo su impacto en la duración media. Expansión de las ciudades, en modelado de los paisajes desde las «vilanovas» y entornos rurales que cobran naturaleza propia, o en ampliaciones productivas y mercantiles, con las consiguientes expansiones de la sociedad, son quizá algunos de sus rasgos más notables; y la tendencia no es gallega o hispana, sino europea en todo el siglo.

La esfera de las ideas se ve igualmente modificada, claro. Lo hace en nuevas devociones mendicantes, por ejemplo, que se aproximan a las ciudades, abandonando los valles frondosos y riachuelos cistercienses, para acercar su prédica a las almas de los fieles urbanos. También en un pulido de la creencia y sus dogmas, igualmente, con la materialización canónica del Purgatorio como no-lugar (canónica digo, pues hacía tiempo que ya existía en las cabezas). Igualmente en la construcción del recuerdo personal en nuevos usos y condiciones de la muerte, con epitafios, nombres, sepulturas y aniversarios, a medias entre lo piadoso y la muestra social. Y en una modificación progresiva de tiempos y significación de espacios para individuos y grupos que va pareja a lo anterior. Nada excepcional, por otra parte, en el transcurso de la Historia.

En nuestra materia, todo ello tomará forma en una multiplicación y pulido de las liturgias. Conocemos aquellos cultos solemnizados del Calixtino que se van amoldando al edificio en construcción, como nuevas piezas menores que irán tomando asiento y distribución con el desarrollo lento de la centuria, en un proceso que completará una oferta de cultos y devociones construyendo al tiempo no sólo una perspectiva litúrgica más compleja. El objeto a seguir será ahora un cambio en las concepciones de tiempo y espacio. Un viaje que empieza a pincelar, pausadamente, las nuevas formas del individuo renacentista.

Creo que conviene atender en primer término, a la jornada del individuo, visitante en Compostela durante el siglo XIII, y el modo en que transcurre especialmente desde las marcas que se le confieren a lo cronológico y
diario por las autoridades eclesiásticas, intentando definir un ritmo constante. Ello nos permitirá comprender mejor los usos con que dicha jornada se
rellena y, desde ahí, entender lo que creo que es una nueva ampliación de la
noción personal del tiempo disponible para el devoto en la basílica.

4.3.1. *La jornada y su transcurso en el Doscientos*

Al igual que en la centuria anterior, comprender la idea de transcurso cronológico que experimenta el individuo implica, de inicio, conocer la propia
extensión de la jornada, para entender desde ella la articulación de las actividades a que da cabida. Aquí las fuentes nos permiten una definición algo
más profunda. En el siglo XIII, como veremos, toma forma un culto variado y
una liturgia que se amplifica en cultos menores superpuestos. Mi argumen-
tación será la de una multiplicidad de cultos que tiene, como consecuencia
menos visible pero notable, la elasticidad del tiempo invertido por aquel que
visita o acude de manera devota a la sede. Pero todo ello se encapsula en una
jornada diaria dentro de la basílica que va puliendo igualmente sus formas
rituales.

Aquella peregrinación liturgizada progresivamente desde el siglo XI
daba inicio al tiempo del peregrino con la bendición del báculo y el bordón; los oficios y la recepción de símbolos certificaban la llegada. Ahora, ya
en la ciudad, la jornada catedralicia se fue limando con cuestiones y actos
igualmente particulares que abrían y cerraban el día. En el siglo XII los oficios parecen marcar el principio del día. Y en lo vespertino aquella *misse
matutinalis peregrinis*[195], que nos transmitía el Códice Calixtino a mediados
del siglo XII, continúa marcando la puesta en funcionamiento del engranaje
litúrgico. Pero en este sentido, en el siglo XIII, sus usos se complejizan (de
ahí la necesidad de un análisis más pausado), tomando poco a poco forma
un ritual a medias entre lo cotidiano y lo cultual desde un acto concreto: la
ofrenda del arca de la obra de Santiago. La encontramos documentada en un
ceremonial fijado en el año 1288 en las propias constituciones del arca de

---

[195] HERBERS, SANTOS, *Liber Sancti Jacobi*, p. 254.

Santiago, y copiado en uno de los tumbos compostelanos. En alusión a los guardianes de la hucha, enormemente vinculada al oficio, se especifica:

> Primo quam cito pulsata fuerit campana in altare beati Jacobi ad missam matutinalem, arqueyrus sive custos arche et clericus debet stare ibi ad archam operis cum suis varis in manu ad vocandum peregrinos ad archam et ad dandum cum eis in tergis et in membris peregrinorum loco prime[196].

Día tras día, luego del tañido de la campana que llama al oficio matinal, el emplazamiento y recolecta de las donaciones en favor de las obras del templo procedía a notificar, de manera bien notable, que la actividad había comenzado. El requerimiento no tenía pérdida, con golpecitos en las espaldas de los peregrinos para llamar su atención, y a seguir una voz alzada haciendo anuncio público de las indulgencias. Una llamada repetida en varios idiomas, para ser comprendida por todos los foráneos. Las ofrendas eran depositadas en un arca dedicada a ello exclusivamente, cuya gestión es precisamente la que aquí se reglamenta. El evento marca sin duda el inicio de la actividad en una sucesión diaria que hubo de marcar de la misma manera cierto ritmo cotidiano para los visitantes devocionales.

La propia constitución confirma un tiempo de finalización de dicha jornada, lógico por otra parte. Es el *exitu uero uesperarum*[197], en la sucesión del propio día solar, la que pone fin a la fecha, o marca su cambio, pues aun así se codifica el modo en que se percibirán las ofrendas a partir de ahí. La actividad no acaba. El texto nos transmite lo que ocurre después: una intensa competencia por participar en la guardia nocturna del altar. Nos ocuparemos luego de ella. Por ahora, observamos de manera clara que apertura del oficio matinal, con la llamada a los peregrinos y petición de óbolo jacobeo, y la finalización vespertina del culto y actividad basilical, hubieron de marcar la extensa y activa jornada catedralicia hacia mediados del siglo XIII.

De sol a sol, parece. Y entre medias, el bullicio de foráneos y oriundos, de caminos, plegarias y susurros, quizá estacional, se hubo de suceder entre apuros y detenciones que daban a buen seguro lugar a miradas a veces de-

---

[196] ACS, Libro de Constituciones 2°, f. 64r. Ed. LÓPEZ FERREIRO, Antonio, *Historia de la Santa AM Iglesia de Santiago de Compostela*, vol. 5, Santiago de Compostela, 1898-1910, ap. XXV, p. 64.
[197] *Ibidem*, p. 66.

vocionales y otras veces curiosas. Las fuentes documentales nos permiten definir a continuación una suerte de itinerarios diversos que se entrecruzan con intensidad dispar por el interior de la basílica para marcar el devenir diario desde el disfrute o reverenciado de lugares y objetos.

4.3.2. El individuo y los nuevos recorridos catedralicios del siglo XIII

Los edificios pueden parecer a ojos iniciales espacios pasivos; construidos y edificados por terceros en la recepción de cuestiones ajenas. Pero nada más lejos, desde nuestra óptica; y menos en lo basilical. Un templo catedralicio no es simplemente el muro que los sustenta, la bóveda que lo cubre o los capiteles y pórtico que se comunican con la comunidad de fieles. Su esencia se construye igualmente con las actividades, cultos, liturgias y devociones que toman hogar entre sus espacios y le van dando sentido. Y ello, por supuesto, remite al cambio y la permanencia en la sensibilidad de las comunidades y las individualidades; un segmento de la esfera de las ideas que no es interpretable, al tiempo, sin la profunda huella del cambio de las sociedades.

Poniendo el foco sobre Santiago de Compostela, la definición del edificio físico experimenta, llegados a este punto, una modelación progresiva que responde, en primer lugar y en lo evidente a las voluntades de las nuevas formas artísticas y litúrgicas. Una recuperación de la perspectiva del individuo como la que proponemos (ya sea en su percepción del poder, de la sociedad, o de las corrientes culturales) no ha de interpretar las construcciones o modificaciones como una mera línea productiva ajena e impersonal, sino como el ejercicio de un gusto consciente en la adhesión a un uso plástico, antiguo o nuevo, que es, en realidad, dinámica.

El culto romano, gregoriano, que sustituye en un largo siglo XI a las viejas formas mozárabes, influye de manera determinante en la morfología de un templo compostelano que adquiere en el XII hechuras románicas evidentes. Pero sobre él, y aun una vez rematado, se añadirán de manera igualmente progresiva puntos nuevos en que detenerse, recorridos recientes que irán de la misma manera recogiendo las formas particulares moldeadas por los cambios de su tiempo. El Doscientos vendrá a reforzar una multiplicación ritual que, como hemos argumentado, creo que extiende el concepto de tiempo para el individuo sobre la diversificación de posibilidades culturales, ceremonias y espacios, todos los cuales son de aprovechamiento para el espíritu y el viaje devocional.

Cruz de consagración.
De edición: Fernández Sánchez, José
María; Freire Barreiro, Francisco,
Guía de Santiago y alrededores, Santiago
de Compostela,
Imprenta de San Martín Pinario, 1885.

Cvm Crvce, templa vide fieri Jacobo Zebedei;
Nam Crvcis absqve fide nemo fit avla Dei.

———

Mira que este templo con la Cruz está dedicado á Santiago hijo del Zebedeo; porque nadie se convierte en templo
de Dios sin la fe en la Cruz.

Cruz de consagración;
catedral de Santiago, 1211.
Imagen propia.

De principio, un hito jacobeo parece actuar, en este sentido, de manera determinante: la consagración de la gran obra catedralicia, en el año 1211. El templo culmina ahora una actividad constructiva secular, iniciada en 1075 con la entonces nueva obra. Su desarrollo había generado un evidente y rotundo elemento material y plástico que refuerza su papel central en la ciudad, pero también todo un sector económico que hubo de jugar un papel considerable en la propia consolidación urbana[198]. Del edificio sus naves, los itinerarios de su crucero, el recorrido de sus capillas, o su dimensión de contacto con la percepción individual a través de Pórtico y capiteles, son notorias.

Pero a mayores, su finalización y consagración ofrece, desde un testimonio material múltiple del evento, un itinerario que se añadirá ahora a los anteriores. Con motivo de ese mismo acto, a inicios de la centuria, y de manera conmemorativa, se dispusieron encastradas en los muros a lo largo del templo doce cruces de consagración, y cada una de ellas con texto alusivo a la dedicación del santuario, el acontecimiento y sus protagonistas[199]. Por supuesto su ubicación no es aleatoria, aunque creo que su sentido completo se nos escapa todavía[200]. Su distribución es simétrica desde el altar de la Santa Faz y el llamado Pórtico de la Gloria, indicando la dedicación, hasta finalizar en el extremo opuesto[201]. El número de ellas, doce, resulta de significación evidente como reza uno de los textos: «indico con tantas cruces el número de otros tantos discípulos y la fe de la Iglesia, que sigue la enseñanza de ellos»[202]. Saltean además la fecha concreta de la consagración y menciones

---

[198] Creo que convendría en el futuro, en el marco de los estudios medievales compostelanos, profundizar en esta línea. El sector constructivo se ha observado tradicionalmente en su dimensión productiva y artística, en el edificio que produce, pero creo que hubo de actuar como sector económico que quizá ejerza cierto papel político en un momento en que el *concilium* toma verdaderamente forma.

[199] En torno a ellas, especialmente profunda es la aportación de Ana Suárez González, tanto en lo descriptivo como en lo interpretativo: SUÁREZ GONZÁLEZ, Ana, «Invocar, validar, perpetuar (un círculo de círculos)», *Revista de poética medieval*, 27 (2013), pp. 65-67.

[200] De las doce cruces en diez de ellas el sol ocupa un cuartel derecho y la luna el izquierdo; excepto en dos: las ubicadas en el brazo sur del transepto, en las cuales se invierte; daba ya cuenta de ello Ana Suárez (*Ibidem*, p. 65). No parece que haya relación con el texto, pero quiero consignarlo pues acaso haya algún sentido precisamente relativo al transcurso temporal que a día de hoy todavía se escapa.

[201] En una de sus primeras descripciones: ZEPEDANO Y CARNERO, J. M., *Historia y descripción arqueológica de la basílica compostelana*, Lugo 1870, p. 208.

[202] «Tot crucibus totidem numerum noto discipulorum ecclesieque fidem documenta sequentis eorum». En una primera edición de las inscripciones y su traducción: ROMANO, D. L. F.,

al prelado del evento en cuestión, Pedro Múñiz, con ciertas notas de transmisión teológica y devocional, en alusiones a la fortaleza de la fe, el uso de la Cruz, o el Crucificado. Su fin es evidentemente didáctico; y lo cumple a un doble nivel: para aquellos versados en la lectura, en el desarrollo de un contenido compuesto en versos; pero igualmente para los iletrados, desde lo simbólico de su significación material añadida a las imágenes igualmente aleccionadoras de pórticos y columnas[203].

Lo evidente, en cualquier caso, es que marcan en sí mismas un itinerario, si no litúrgico sí, a la par, espiritual e informativo[204]. Este programa de conmemoración y divulgación teológica se dispone en estaciones medidas y simétricas en la planta catedralicia, ofreciendo un *circuitu ecclesiæ* que emana del propio ritual romano de consagración[205]. El recorrido está previsto y, si bien no podemos hablar de la sacralización de un espacio que ya es evidentemente sacro, sí viene a añadir una forma nueva sobre él. La herramienta la conocemos, pues el establecimiento de puntos de culto en base a cruces y cruceros tiene extenso uso como forma sacralizadora, empleada de hecho en el largo transcurso de los caminos de peregrinación[206]. A no mucho tardar, y principalmente en vinculación con las nuevas formas devocionales de las Órdenes Mendicantes, las ciudades (y Compostela no es un excepción, como bien sabemos) se verán salpicadas de esta materialidad sacra que ordena espacios y, con ellos, igualmente, tiempos[207].

En lo catedralicio, se construye de esta manera sobre el espacio un trayecto físico que ofrece el añadido simbólico de un itinerario en pos de la Cruz, al tiempo que ofrece un contenido ilustrativo completo, próximo a lo poético, en sus diversos textos[208]. Este testimonio de unción espacial, o en

---

Traducción de las principales inscripciones antiguas que se hallan en la S. M. Iglesia de Santiago, Santiago de Compostela, 1879 (2ª ed.), pp. 21-22.

[203] SUÁREZ, «Invocar, validar, perpetuar», p. 79.

[204] ZEPEDANO, *Historia y descripción*, pp. 206-208.

[205] En torno a esa relación: SUÁREZ, «Invocar, validar, perpetuar», p. 65.

[206] STOPANI, Renato, «Le croci stradali: un elemento di sacralizacione dello spazio, comune ai percorsi delle tre 'peregrinationes maiores'», en CAUCCI VON SAUCKEN, Paolo (ed.), *Santiago, Jerusalén, Roma. Actas del III Congreso Internacional de Estudios Jacobeos*, Santiago de Compostela, Xunta de Galicia, 1999, pp. 331-333.

[207] En torno a Compostela, ver: BARRAL RIVADULLA, María Dolores, «Aspectos de lo cotidiano en el arte medieval gallego», *Semata: Ciencias sociais e humanidades*, 21 (2009), pp. 283-284; FRAGA SAMPEDRO, RÍOS RODRÍGUEZ, «Aproximación a la topografía», pp. 49-53.

[208] SUÁREZ, «Invocar, validar, perpetuar», p. 79.

nuestro caso de incorporación de un paseo concreto demarcado por puntos sacralizados, sugiere como forma asociada una porción de tiempo que añadir al del peregrino en el marco de su culto devocional; un momento totalmente justificado a invertir en un contemplación de mayor o menor trascendencia, en el cual el detenimiento no importa y que expande el requerimiento temporal aceptado.

Sabemos además que a mediados del siglo XIII el templo se salpicaba de objetos vinculados a la figura jacobea y a la propia peregrinación. El gusto por la observación se abre paso sin duda de manera lenta pero constante, en la experimentación de la materialidad en torno a una cuestión concreta. Coleccionismo, a no mucho tardar. Experiencia trascendental, por ahora; aunque quizás a medio camino. Se trata en nuestro caso de ítems, de carácter apócrifo algunos, que se exponen a lo largo del espacio catedralicio para su visualización y contacto a modo de una materialidad si bien no sacra sí sacralizada a través del propio peregrinar o de la figura con la que se asocian, la de Santiago.

Aquellas constituciones en torno al arca compostelana nos ofrecen ciertas claves en torno a los que denomina *honoribus Ecclesiae*[209], y que han ido tomando en diversas obras la designación de «estaciones»[210]. Su disposición tiene como centro el entorno del altar de Santiago y su circulación más o menos perimetral. Habrán quizá jugado su papel en el sector económico de cierta potencia que se generaba en la ciudad y vinculado no solo a la producción de insignias o símbolos sino, especialmente en este caso, con individuos que recorrían el templo mostrando a los peregrinos y viajeros su contenido a modo de primeros guías, gentes que *debent peregrini ita guiare*; son aquellos *arqueyrus et clericus uel homo suus*, de manera que entre otras actividades *exinde ducantur peregrini per honores, secundum quod superius dictum est*. Se les conmina incluso con indicaciones a cuanto al recorrido: *ipse homo debet sibi monstrare et hoc debet bene et fideliter facere*[211].

Como ya se ha señalado desde la historiografía tradicional, al tiempo que buscan y encuentran su hueco en las naves, arcos, muros y sombras

---

[209] ACS, Libro de Constituciones 2°, f. 65r. Ed. LÓPEZ FERREIRO, *Historia de la Santa*, vol. 5, ap. XXV, p. 67.

[210] Así lo recogía Manuel Murguía ya con referencia a López Ferreiro. MURGUÍA, Manuel, *Galicia. Sus monumentos y artes - Su naturaleza e historia*, Barcelona, Ed. de Daniel Cortezo, 1888, p. 422.

[211] Todas las referencias en: ACS, Libro de Constituciones 2°, f. 65r. Ed. LÓPEZ FERREIRO, *Historia de la Santa*, vol. 5, ap. XXV, p. 67.

catedralicias, cada uno de estos objetos genera en su entorno un espacio de detenimiento y veneración en el templo, con la especial notoriedad de generar todos ellos un cierto recorrido particular[212]. No es algo obligatorio por supuesto; de nuevo la condición privada, la prisa y quehaceres de cada uno, cumple su papel en esta Edad Media en la cual el individuo es, en efecto, protagonista. Pero, probablemente, sí ofrecen una posibilidad venerativa de cierta conveniencia (una vez allí) para la finalidad piadosa del viaje. Conocemos, por ejemplo, el orden que siguen los peregrinos alemanes en la veneración y circulación por el templo, y su interacción con dichas materialidades en la segunda mitad de la centuria. La referida constitución recoge el proceso:

> Primitus offerant altari beati Jacobi, et exinde cathene, et exinde arche operis et exinde aliis honoribus. Si corona beati Jacobi ducta fuerit ad altare sancti Jacobi, Tetonici debent primo ibi offerre predicte corone, et inde cruci que ducitur ante ipsam coronam, et exinde cathene, et exinde arche operis[213].

No sólo altar, sino corona, cruz y cadena en un orden específico, con lo litúrgico marcando de nuevo un itinerario, ahora intramuros. Es esta, sin duda, la generación de un nuevo recorrido que supera la liturgia para acoger otros elementos materiales que se integran ahora en la vida cotidiana de la sede, edificio y veneración.

Sabemos que estos cultos menores se mantienen con presencia y extensión hasta el final de la Edad Media, e incluso añadiendo nuevos objetos. Es el caso de un sombrero, el supuesto cuchillo (o *cuytelo*) del martirio del apóstol, o el bordón entre otros[214]. Así nos lo transmite la documentación compostelana ya del siglo XV. El llamado *Tombo da Tenza do Horreo* incorpora, hacia 1438, nota recopilatoria de tales piezas: *o auer que uem ao capelo et ao bordom et ao cuytelo et aa uxoa et aa pedra et a todos los outros honores*[215]. Algún tiempo después, el barón León de Rosmithal de Blana, durante su estancia compostelana en el año 1465 y ya sobre motivaciones diferentes

---

[212] *Ibidem*, vol. 1, p. 294.

[213] ACS, Libro de Constituciones 2°, f. 64v. Ed. *ibidem*, vol. 5, ap. XXV, p. 65.

[214] PÉREZ RODRÍGUEZ, Francisco J., *La Iglesia de Santiago de Compostela en la Edad media: El Cabildo Catedralicio (1100-1400)*, Santiago de Compostela, Xunta de Galicia, 1996, p. 147.

[215] ACS, Tumbo de la Tenencia del Horreo. Ed. LÓPEZ FERREIRO, *Historia de la Santa*, vol. 1, pp. 150-151.

como hemos visto, refiere la presencia del cuchillo suspendido sobre el altar. Todo un conjunto de prácticas a medias entre lo litúrgico, devocional y público que para el individuo conforman un recorrido que discurre, como Domenico Laffi indicaría tiempo después, en su viaje en 1670, «mirando bene ogni cosa»[216].

A mayores, dos nuevas formas del culto litúrgico parecen tomar presencia en la catedral compostelana a mediados del siglo XIII para completar la oferta al orante, penitente, peregrino o visitante. Se trata, en primer lugar, del abrazo a la figura escultórica del apóstol Santiago. La gran escultura santiaguista ubicada en el altar mayor ofrece, quizá ya desde el primer tercio de la centuria (aunque la constancia documental es poca), un nuevo espacio de devoción verdaderamente destacado al posibilitar el contacto con un Santiago corpóreo[217]. Aquel Santiago del Pórtico, elevado en el parteluz, tomaba ahora una presencia material más accesible en el centro del templo; y desde ahí su personificación pétrea no solo observa sino que es igualmente observada por los fieles y caminantes catedralicios, permitiendo tanto el desfile como el contacto. He ahí otra de las dimensiones que se ubican en los márgenes de las fuentes documentales, aquellas que apenas nos permiten esbozar cuestiones pero de profundidad considerable; el sentimiento físico, el contacto, quizá en la intimidad de lo personal.

En segundo lugar, el Doscientos es también el momento de la incorporación del gran turíbulo conocido como *botafumeiro*, *el* gran incensario de espectacular vuelo por la nave mayor y con la misión solemnizadora de las grandes fiestas mitradas. Podemos intuir sus primeras utilizaciones en la segunda mitad del siglo XIII, siguiendo a la lámpara que consta colocada en el centro del crucero en el último tercio de la centuria[218]. Y desde luego, podemos asegurar su presencia en el primero del siglo XIV, desde la nota incorporada en los márgenes del Códice Calixtino.

---

[216] MERCADAL, *Viajes de extranjeros*, p. 401.

[217] Manuel Castiñeiras, de hecho, supone la colocación en el año mismo de la consagración. CASTIÑEIRAS, «La catedral medieval», pp. 321-322.

[218] DÍAZ FERNÁNDEZ, José M.ª; SÁNCHEZ SÁNCHEZ, Xosé M., «El botafumeiro de la iglesia de Santiago de Compostela», en *El Botafumeiro. Estudios y evocaciones*, A Coruña, 2010, pp. 19-24; PACHO REYERO, F., «El botafumeiro de Compostela», *Iacobvs. Revista de estudios jacobeos y medievales*, 15-16 (2003), pp. 431-480.

Todas estas nuevas actividades añaden fragmentos de tiempos devocionales o de observación de los cuales el individuo es apenas consciente pero que cimentan su recorrido y actividad por la basílica compostelana.

Han de convivir, además, con una intensa actividad litúrgica en el templo, especialmente definida a partir de mediados de este siglo XIII y compuesta no únicamente por celebraciones específicas, como el oficio de coro, de especial solemnidad, sino por otras más particulares, caso de las procesiones conmemorativas de aniversarios. Sin duda, lo que ocurre a nivel general ha de tener su importancia. Los cambios en la percepción y sentimiento de la muerte han sido bien trabajados, y aunque para Galicia tienen todavía pendientes trabajos globales, conocemos gracias a la historiografía los usos y cambios generales. Una muerte en la que el individuo continúa siendo protagonista (¿en algún momento no lo fue?) y en la cual además se constata como agente activo: quiere, necesita, que lo recuerden. El futuro difunto busca, en pos de la salvación de su alma, la oración y recuerdo a su esencia; y para eso es fundamental que se conozca su lugar de enterramiento, que se recuerde su nombre, que se venere su espacio en beneficio sobrenatural. Y al mismo tiempo una muerte que no iguala, sino que sirve, en su tratamiento más cotidiano, de enseña de la calidad social; del difunto, sí, pero también de la posición que ocupa su familia. Tales cambios en las nociones se traducen en la producción de nuevas formas culturales y materiales, con una intensificación de la «industria de la muerte»; de lápidas y arcosolios, de oraciones y pagos.

Al trasluz, los tiempos y espacios son concebidos ahora ya de una manera igualmente diferente. Dentro del templo compostelano ello se asienta en unas nuevas formas litúrgicas de oración y recuerdo a las almas difuntas de aquellos que han favorecido especialmente a la institución y/o el edificio: los aniversarios, cuya celebración nos consta desde este siglo XIII. Su conmemoración, anual, cumple con todas las características que acabamos de comentar. El benefactor se gana el ser recordado anualmente con oraciones por su alma; o bien con su actividad favorecedora en vida, o estableciendo una fundación testamentaria con una donación de entidad. En ambos casos la conclusión es la misma: un procedimiento ritual que conocemos con relativa seguridad. El oficio sigue lo usual de la basílica, en uno de sus altares; tras él un tránsito procesional, de composición variable, se dirigirá bien al sepulcro del difunto o, en caso de una personalidad externa, a alguna de las capillas que centraban sus dedicaciones, generalmente la capilla de los arzobispos, o la capilla de los reyes[219]. Una vez allí, rezo de responso o cántico litúrgico. La participación foránea nos toca aquí mucho más de lado. Se trata de procesiones y actividades que dejan poco margen a su intromisión en los recorridos internos, pero que en cualquier caso aderezan las formas litúrgicas desde unas posibilidades más próximas quizá a la observación turística.

Desde la interpretación que propongo, todas estas capas múltiples que hemos podido definir a través de las fuentes primarias, estos desempeños de culto diversos que se han ido desarrollando a lo largo del siglo XIII, no permanecen aislados. Hemos emprendido su análisis de manera más o menos segmentada, pero creo que el modo de entenderlas ha de ser en conjunto, formando parte de una misma entidad en la cual con el paso del tiempo, se agregan unas y se fusionan o amortizan otras. Lo dinámico de la vida y el transcurso histórico. Y en el centro de todo ello está sin duda el individuo, cuya presencia permite entender la superposición de desempeños. Su constancia diaria, su repetición, su devenir, construyen el propio y cambiante ritmo de la sede.

Es precisamente en los márgenes de esta confluencia donde se construye, en nuestro caso, una noción temporal marcada por las posibilidades múltiples y el común beneficio espiritual que implican estas formas litúrgicas menores. Y con esta idea extensa de tiempo e intensa de celebración y observación múltiple y en crecimiento, una nueva y última consecuencia a considerar: la complicada afluencia común de fieles y visitantes a lo largo del templo.

4.3.3. Tiempos, devociones y competencias individuales

La extensión de cultos, circulaciones basilicales, y nuevos recorridos en el edificio central de la Compostela plenomedieval, parece explicar un cambio en el modo en que se piensa y percibe el tiempo, en una nueva ralentización.

---

[219] PÉREZ, *La Iglesia de Santiago*, p. 142. LEIRÓS FERNÁNDEZ, Eladio, «Los tres libros de Aniversarios de la Catedral de Santiago de Compostela», *Compostellanum*, 15 (1970), pp. 181-183, 186-189. En torno a las formas organizativas de ciertas procesiones: Sánchez, *Breves notas*. De ahí el debate actual en torno a ciertos espacios, especialmente una girola que se vincula actualmente más a la propia gestión litúrgica que al tránsito peregrinatorio. Ver: CARRERO SANTAMARÍA, Eduardo, «Comulgar con ruedas de molino: arquitectura y liturgia medievales o los itinerarios de un desencuentro», *Medievalia*, 15 (2012), pp. 61-66, p. 62; CENDÓN, «La meta es Santiago», p. 111.

Los tiempos varios y menores se suman y añaden, concebidos como lógicos, posibles y en no pocas ocasiones quizá convenientes.

En nuestra línea interpretativa, si ampliar las ofertas litúrgicas en el añadido de cultos menores trae consigo ralentizar la concepción personal e individual del tiempo, ello habría de implicar extender de manera lógica la presencia de un visitante con más requerimientos o, cuando menos, con más posibilidades, concebidas como necesarias, beneficiosas o quizá en algunos casos pintorescas. Todo ello explicaría la acentuación de la afluencia común de visitantes en la basílica provocando una convivencia más intensa en su interior, y las dificultades en la gestión de flujos y actividades por los responsables del templo ya desde inicios del Doscientos.

En efecto así parece ocurrir ya desde inicios de la centuria, en una tendencia compleja que parece extenderse a lo largo de todo el siglo con la muestra de considerables problemas de orden interno. Unas *litteræ apostolicæ* remitidas por el papa Inocencio III, a 12 de junio del año 1207, al prelado compostelano Pedro Muñiz ofrecen testimonio evidente. En ellas se concede la facultad de reconciliar el santuario, al tiempo que contextualiza dicha necesidad:

> Quod venientibus ad ecclesiam beati Iacobi ex diversis regionibus peregrinis, et volentibus aliis ab alteris per contentiones et rixas altaris de nocte custodiam vendicare, homicidia contingunt interdum, et aliquando vulnera inferuntur[220].

Tengamos en cuenta que esta concesión hubo de responder a una solicitud compostelana en la cual se habrían detallado tales condiciones. Resulta en primer lugar notable la «guardia nocturna» en un altar mayor que permanecía cerrado. El empleo de la nocturnidad implica en efecto una extensión de la actividad venerativa en la ampliación de una actividad que mantiene el mismo objeto que ha guiado el viaje. Su aprovechamiento toma forma en la permanencia durante el mayor tiempo posible en el lugar mismo de la veneración; de hecho lo hace en una concurrencia de manera tan intensa

---

[220] AAV, Reg. Vat. 7 A, fol. 18r-v. Recogen y traducen Vázquez de Parga, Lacarra y Uría: «llegando a la iglesia de Santiago peregrinos de diferentes naciones, y queriendo quitarse unos a otros la guarda nocturna del altar, ocurren unas veces homicidios y otras veces heridas». VÁZQUEZ DE PARGA, LACARRA y URÍA, *Las peregrinaciones*, vol. 1, p. 71.

que genera problemas de orden público y enfrentamientos hasta el punto de hacer necesario prever una posible reconciliación del edificio. La arquitectura y su disposición extienden así el tiempo de la oración más allá de la luz del día, superando el culto catedralicio para posibilitar una proximidad física sostenida. No es algo puntual, sino que sabemos que afecta al orden y gestión del espacio, convivencia y circulación a lo largo de todo el siglo. Unas constituciones capitulares de 1270 se ocupan precisamente, en uno de sus capítulos, de las penas a imponer en caso de disputas y agresiones dentro del templo. Y en 1318, el papa Juan XXII, al hilo del conflicto que mantenía su apenas recién nombrado prelado compostelano, Berenguel de Landoira, con la ciudad compostelana, levantada en armas, concede capacidad similar *exhibita siquidem nobis tua petitione continebat quod ecclesiam tuam Compostellanam, propter lites et discordias que notum peregrinos et alios de civitate ac diocesi compostellane ad eandem ecclesiam assidue concurrentes*[221].

Definimos por tanto una centuria de cambios, de pulidos e incorporaciones de formas nuevas en el culto. El interior basilical, tras su remodelación y la liturgización de los viajes a lo largo de los siglos XI y XII, da forma a cultos múltiples que, de manera apenas perceptible, construyen una noción de tiempo. El individuo va concibiendo en el culto una posibilidad más extensa y en paralelo se construye desde las posibilidades un tiempo más laxo y elástico. Las condiciones personales no están exentas de papel, pero no invalidan lo que es una mayor oferta que requiere un tiempo mayor pero en efecto posible.

Llegados a este punto, tales usos y nociones, con su constancia en los desempeños personales de condición social diversa, nos depositan con pausa en los siglos finales de la Edad Media; tiempo de continuidad de líneas pasadas pero también de balances y modelos nuevos, que aquí apenas si hemos de esbozar.

4.4. Epílogo de breves notas bajomedievales

Si algo ha ido quedando claro, es que el desarrollo de la noción individual de tiempo que hemos ido definiendo, con sus variaciones y variables, viene marcada por la convivencia de ideas de tiempo diversas. La marca de los re-

---

[221] AAV, Reg. Av. 10, folio 260v.

querimientos personales y el quehacer de cada cual no es ajena, por supuesto, en la percepción del apuro o la calma, de la permanencia o el regreso; pero a mayores las modificaciones en sociedad, liturgia y edificio, han permitido marcar unas líneas más generales en las percepciones del tiempo por parte del individuo que acude al templo compostelano entre los siglos x y xiii.

De cara al cierre del presente estudio, conviene prestar cierta atención a estas formas en el tiempo medio y hacia los siglos finales de la Edad Media, en cuanto a la presencia y actividad de visitantes en el templo compostelano. En primer lugar para constatar mínimamente sus formas; pero en segundo término, y quizá especialmente, para rubricar que no se trata de algo estacional sino de unos usos devocionales y nociones vinculadas que calan en la larga duración[222].

De manera definitiva, al menos desde el siglo xiv, la certificación escrita de la peregrinación jacobea, toma forma en un documento personal expedido desde la iglesia compostelana al peregrino en declaración de haber realizado el viaje y cumplido con los usos requeridos del culto. Su contenido, si bien es todavía vago, ilustra a la perfección el sentido de la práctica litúrgica, con la cumplimentación correcta de un rito que permite la atestación. La que se emite a Guillermo van de Putte, en 1354, recoge lo esencial: no sólo la presencia en la iglesia compostelana sino que *ibi peregrinationem suam bene et perfecte peregisse*[223]. La actividad se ha desempeñado bien y perfectamente, en alusión a un rito que se encuentra ya asentado y una liturgia más o menos medida.

Este cumplimiento de los preceptos venerativos y requisitos cultuales, principalmente con un papel certificador del rito de peregrinación, mantiene su presencia hasta el final de los tiempos medievales. Pero ahora cada vez más se alternan con unos modos paralelos de viaje que, si bien ya parecían poder percibirse en algunos casos, toman naturaleza más extensa. Me refiero a aquellos ya aludidos de tinte más lúdico y emprendidos por las nuevas burguesías de la baja Edad Media.

---

[222] VIALLET, Ludovic, «Introduction. Localisation, imaginaire, espace social», *Reti medievali rivista*, 17/1 (2016), p. 370. En la perspectiva específica del fenómeno religioso y la larga duración: Arcari, L., «Identità collettive, identità etniche, identità religiose. Elementi per una trattazione nella prospettiva della longue durée (tra antichità e medioevo)», *Reti medievali rivista*, 16/1 (2015), pp. 40-41.

[223] VÁZQUEZ DE PARGA, LACARRA y URÍA, *Las peregrinaciones*, vol. 3, p. 40.

En este sentido el matiz peregrinatorio, conserva en el siglo XV aquella percepción de tiempo extendido y largo una vez llegado el protagonista a Santiago, desde unas fuentes textuales en relatos diversos que la historiografía tradicional conoce bien. El comerciante francés Jean de Tournai, realiza entre 1488 y 1489 un viaje que le lleva, desde su localidad de Valenciennes, a Jerusalén, Roma y Compostela; sus anotaciones dan lugar a un libro de viajes que no solo recoge el periplo sino, entre líneas, cuestiones asociadas. En lo relativo a su presencia compostelana poco se indica que no conozcamos en cuanto a sus actividades litúrgicas: confesión, eucaristía, veneración. Pero la importancia, creo, recae en el proceso y en el tiempo que ha de ser invertido en ello:

> (Je) me confessay derriere le grand autel de la dicte eglise au plus pres d'ung petit autel sur lequel je fis dire messe et la endroict je reçupz le corpz de Nostre Seigneur Jesucrist [...] A pres ce je monta y a une eschelle de bois derriere le grand autel et la endroit j'accollay une image qui est taillie en bois quy est faicte a l'honneur de sainct Jacques et a la dicte ymaige sur son chief une couronne laquelle je prins en mes mains et mis sur mon chief [...] Apres on me monstra le bourdon dudict saint [...] et puis nous allasmes au fond de ladicte eglise [...] Et la nous fust monstré le chief de sainct Jacques le Grand, apostle et cousin de Jesucrist et avec plusieurs aultres nobles reliquiaires[224].

En su descripción se condensan buena parte de los circuitos acumulados en tiempos anteriores; por supuesto, liturgia pesada en los oficios y sacramentos, con los restos atribuidos a Santiago como centro. Pero igualmente aquellos recorridos guiados y compuestos por hitos variados de materialidades de atribución sacra.

Hacia el mismo momento, el origen de la estancia en 1491 del armenio Mártir, obispo de Arzendjan, en Santiago de Compostela, añade un testimonio que quizá documente ya un nuevo cambio, en la salida del período. El relato es algo más oscuro y, al igual que la narración de todo su periplo, no ofrece un contexto claro, pues el motivo del viaje casi esconde la concepción del tiempo. Las fuentes, de nuevo, no gritan sino que susurran. La llegada a Santiago no se formula como el objeto final de una peregrinación al uso

---

[224] DELUZ, «Les pèlerins français», p. 113. Traducción de: DE POLAK, Lucy, *The Pilgrim book of Jean de Tournay (1488-9)*, London, London University, 1958, pp. 563-564.

sino como un desvío hacia centros y espacios destacados en lo litúrgico, devocional y, quizá diplomático[225]. Pero aun así, se refiere el culto en el templo catedralicio, una cierta descripción del mismo, y la petición de perdón penitencial, para concluir: «me detuve en este lugar por espacio de ochenta y cuatro días, y no me fue posible permanecer más tiempo por causa de la carestía de los víveres»[226]. No se especifica realmente el motivo de su larga estancia en la ciudad compostelana, pero una vez el rito se satisface y la devoción se ofrece, la dilatación del relato permite intuir que, en efecto, hay nuevas formas sobre objetos diferentes.

***

Si el viaje que recorría el tiempo y su idea eran largos en cuanto a los foráneos en camino, igual extensión y peso ofrecen las formas propiamente urbanas y litúrgicas, que toman hueco en el edificio. Los cambios catedralicios y las añadiduras de los recorridos litúrgicos no dan tregua en su desarrollo, pero sí quizá descanso en el culto devocional. De la misma manera que la liturgización progresiva del itinerario viene a modificar sus usos y procesos, y con ellos las nociones diversas asociadas, la complejización de la actividad catedralicia en recorridos, objetos y espacios, amplía por su parte las posibilidades para fortalecer todo un conjunto de ideas que se encuentran en ebullición principalmente entre los siglos XI y XIII.

---

[225] En torno al objeto del viaje: SZÁSZDI LEÓN-BORJA, Istvan, «La extraña peregrinación compostelana del obispo Mártir (Un armenio en la negociación contra el Turco y el Atlántico)», *Iacobvs. Revista de estudios jacobeos y medievales*, 17-18 (2004), pp. 149-159.

[226] MÁRTIR, *Relación de un viaje por Europa con la peregrinación a Santiago de Galicia*, en Emilia GAYANGOS DE RIAÑO (ed.), Madrid, 1898, pp. 14-15.

Conclusión

Camino, edificio, tiempo e individuo se han venido así entrecruzando en características, influencias, formas y procesos desde una perspectiva individual a lo largo de la Edad Media. En nuestro caso desde los siglos X y XI; compostelanos, para más señas. El delineado de una investigación en torno al modo en que el individuo entiende y percibe el paso tiempo no es sencillo, pues lo que sus protagonistas nos han legado en las fuentes conservadas son sugerencias de sus ideas a través de sus comportamientos, pinceladas de nociones agazapadas en frases y fórmulas enunciadas o, a lo sumo, descripciones más o menos veladas casi siempre alejadas del epicentro temático. Y sin embargo, tras una cierta sistematización y organización interpretativa de las referencias, creo que podemos sacar algunas conclusiones. Corolarios que, si bien tienen sus fuentes primarias en Santiago de Compostela, creo poder proponer, en parte, como extensibles en lo conceptual, argumental y metodológico a una Edad Media peninsular o europea.

Si algo nos ha quedado claro, es que el tiempo es uno en cuanto sucesión de acontecimientos, cierto; pero a la par, los tiempos son varios y diversos en la percepción que el individuo tiene del transcurso cronológico. La prisa, el apuro o la tranquilidad no son fijos; no lo son en la época y tampoco lo son en la persona, pues el entendimiento o percepción de una u otra varía en función del protagonista o de su momento.

El objeto continúa siendo apasionante, esquina en cierta penumbra de la civilización medieval. Uno de aquellos márgenes de las fuentes primarias. La historiografía más clásica había definido algunos de tales tiempos especialmente en su adhesión a grupos particulares. Cada uno de ellos había sido delineado con sus formas materiales, sonidos, ritmos, e incluso objetos asociados, como el reloj o la campana. En el fin de mi argumento, y tal y como habíamos planteado al inicio, creo que podemos añadir una nueva nueva dimensión en torno a un grupo concreto: el del viajero devocional a Santiago de Compostela. Y a mayores, sin ser una consecuencia menor, la constatación de que, en la mente del individuo medieval, el tiempo y su duración, o la duración de ciertos eventos que en él se extienden, al menos, sí tiene relevancia.

Lo que permite interpretar la homogeneidad de sus formas de tiempo no es la procedencia social, desde un origen más o menos elevado del protagonista, sea el que fuere, ni tampoco el género o la condición económica. Las fuentes consideradas a lo largo del estudio han transmitido cierta homogeneidad en las percepciones aun cuando las procedencias son relativamente diversas, en obispos, infantas, monjes, caballeros, oriundos o reinas. Tampoco el número de integrantes del viaje o expedición en cuestión parece relevante, pues igualmente contamos con referencias tanto individuales como colectivas. Sin duda, en nuestro caso el origen está en la motivación devocional del desplazamiento.

En él, hay además dos marcos interpretativos cuyas semejanzas permite tomar como categorías: la de aquellos que se desplazan con una intención orante, sin la necesidad de cumplimentar más rito que la devoción en destino; y la de quienes no hacen en un itinerario liturgizado y peregrinatorio, cumplido de requerimientos. Los ritmos propios de ambas esferas son diferentes; algo que en parte responde a que es igualmente diferente la sociedad en la que toman cuerpo. Conviene prescindir de las rigideces y consideraciones absolutas, pues también los requerimientos de cada cual hubieron de jugar su papel en las posibilidades del viaje; pero conviene atender, eso sí, a las categorías. El matiz entre ambas condiciones se hace patente el cambio producido entre una presencia *causa orationis* y el transcurso que se emprende *causa peregrinationis*. Estas finalidades empujan en su origen a aquel que emprende un trayecto a Compostela y, simultáneamente, modulan un determinado concepto del tiempo para el protagonista en cuestión durante su desempeño.

Encontramos pronto el tiempo del orante, más inmediato, en el siglo x; probablemente anterior, quizá incluso en los primeros desplazamientos devocionales compostelanos y, en cualquier caso, ya sin duda desde en torno al 950, desde lo que nos transmite el viaje de Gotescalco. El trayecto hacia Compostela es todavía una ruta difusa y diversa en su certificación, marcada por el anhelo de veneración de un espacio más que por considerarlo culminación de un trayecto reglado. El tiempo se encoge, constriñe la propia actividad, y el individuo intenta acelerar la llegada y su desempeño lo más posible.

El tiempo del peregrino, por su parte, ha de esperar a la propia oficialización de la peregrinación jacobea en sus formas, de manera que no se despereza hasta el siglo XI para expandirse en el XII. Ninguna novedad, pues sigue los ritmos de otros procesos asociados en mentalidad e ideología a la reforma gregoriana y los cambios en la espiritualidad plenomedieval. De nuevo el siglo XII como pivote: en la sociedad, en la economía... en el mundo de las ideas. Las formas y concepciones del tiempo se modulan y readaptan, preparando ciertos cambios en la bonanza.

Para nuestra materia el *Liber Sancti Iacobi* me parece determinante, aunque no tanto por su papel de piedra angular, del culto, por cuestiones litúrgicas que tradicionalmente se hayan señalado, o por su condición recopilatoria de tradiciones textuales y literarias. Lo es por su significación en la cotidianeidad. La codificación de las formas jacobeas más notables, presentes ya en fuentes anteriores, dota al tiempo de un significado nuevo, extendido en una actividad peregrinatoria que confiere un contenido litúrgico al itinerario en sí mismo y sacraliza el propio lapso dedicado al viaje.

Ello matiza parte de lo que ya sabemos: el viaje sí importa, no solo el destino o la llegada. Su implicación en nuestra materia, como digo, es notable pues promueve una percepción de tiempo extendido —que no relajado— a través de un cumplimiento devocional que va más allá de la puntual oración en destino. El itinerario ya no es simplemente un marco de desplazamiento, sino un contexto espiritual clave. A la par el proceso se va marcando progresivamente por la materialidad, y es así que nos constan como delimitadores los emblemas de la peregrinación: bordón y escarcela, como certificadores del inicio en la bendición en los templos de origen; concha en destino, desde la adquisición certificadora del viaje en lo físico y, quizá, en lo espiritual.

Creo además, tras lo visto, que la concepción que quien se desplaza tiene de su propio tiempo, la idea acerca del cual dispone, no puede separarse tampoco de aquellas actividades que marcan precisamente lo devocional: la liturgia. El individuo camina, observa, disfruta o cumple; y lo hace con mayor o menor rapidez en función del tiempo del que dispone pero también del que el proceso admite o requiere. En Compostela, entre sus muros y bóvedas, observando sus capiteles, el tiempo extendido del peregrino abre paso a nuevas formas de la mentalidad medieval entre los muros de sus edificios. Camino, procesos y entornos son importantes; pero igualmente lo son el individuo, idea y comportamiento.

Y para poder certificarlo, nada mejor que un examen a la hipótesis desde el reducido laboratorio del templo compostelano durante los siglos XI-XIII. Siguiendo tal principio, los cambios en la liturgia traen consigo una mutación en la concepción temporal. Y el cambio se produce, en efecto, como tantos otros en la mentalidad colectiva europea, a lo largo del siglo XII. La relación con las formas de una nueva liturgia, desde las tramas de la reforma gregoriana que impulsa en la sede compostelana Diego Gelmírez, es indudable. El contexto físico de todo ello es un nuevo templo; una nueva catedral en la que se multiplican cultos, se abren espacios nuevos, y diversas capillas que recogen y reavivan devociones que el recién llegado había conocido en su viaje.

La forma de las nuevas hechuras arquitectónicas compostelanas y la definición de unos comportamientos culturales diferentes ofrecen a su vez una multiplicación de las posibilidades litúrgicas; desde ahí la idea del tiempo cambia para aquellos que han peregrinado a la ciudad. En centurias anteriores, hasta finales del siglo IX, otros habían llegado en fugaces viajes oracionales sin tanta oferta devocional en las capillas catedralicias ni formas en las que detenerse. Ahora, en un aumento progresivo, nuevos itinerarios le salen al paso, en un proceso intensificado en el siglo XIII. A lo largo del Doscientos las cruces de consagración desde la finalización del nuevo templo en 1211, una serie de objetos diversos sacros o sacralizados, los *honores*, las capillas hogar de la memoria litúrgica, o las portadas elocuentes en sus mensajes para el observador, constituyen puntos transmisores de mensajes varios, generando a su vez recorridos reconocidos y promocionados desde la sede. La detención en ellos es posible y casi obligada, aceptada en cualquier caso por los mimbres mentales del devocionario jacobeo, limpiador del espíritu en todos sus actos.

Sus implicaciones amplían los espacios, y ello es relativamente bien conocido por la historiografía, pero también los tiempos, con sus problemas añadidos, como el de la gestión de los grupos, conformando en cualquier caso un conjunto de comportamientos que alcanzan, con mayor o menor intensidad el fin de la Edad Media.

***

Saliendo de la madriguera del Conejo Blanco, Tiempo, tiempos e individuos se entrelazan en la peregrinación y los desplazamientos devocionales a Compostela. Y no en lo teológico o en un examen de las abstracciones, sino en la actividad cotidiana que el individuo desempeña, en sus prácticas y quehaceres. El trasfondo es sin duda el de sus ideas, múltiples y variadas en función de su actividad, al igual que la percepción del entorno que de ella depende.

Tiempo y viaje, en Santiago de Compostela durante la Edad Media.

Ediciones de fuentes empleadas

ANDRADE CERNADAS, José Miguel, *O tombo de Celanova: estudio introductorio, edición e índices, (ss. IX-XII)*, 2. vols., Santiago de Compostela, Consello da Cultura Galega, 1995.

BUCHON, J. A., *Chroniques d'Enguerrand de Monstrelet*, vol. 1, Paris, Verdiére Libraire, 1886.

CAL PARDO, Enrique, *Tumbos del Archivo de la catedral de Mondoñedo. Calendarios. Transcripción íntegra de sus documentos*, Lugo, Servicio de Publicaciones, Diputación Provincial de Lugo, 2005.

CHARON, Philippe, «Le testament de 1376 de Charles II, roi de Navarre et comte d'Évreux», *Annales de Normandie*, 63e année (2013/2), pp. 49-90.

DAVID, Charles Wendell (ed.), «Narratio de Itinere Navali Peregrinorum Hierosolymam Tendentium et Silviam Capientium, A. D. 1189», *Proceedings of the American Philosophical Society*, 81/5 (1939), pp. 591-676.

FALQUE REY, Emma (ed.), *Historia Compostelana*, Tvrnholti, Brepols, 1989.

FLOREZ, Henrique, *Espana Sagrada. Theatro geographico-historico de la iglesia de Espana*, vol. 21, Madrid, Antonio Marín, 1766.

FRESNE DU CANGE, Charles du (ed.), *Glossarium ad scriptores Mediae et Infimae Latinitatis*, Basileae, Fratres de Tournes, 1762, col. 210.

GARCÍA MERCADAL, J. (ed.), *Viajes de extranjeros por España y Portugal: desde los tiempos más remotos hasta comienzos del siglo XX*, v. 1, Valladolid, Junta de Castilla y León, Consejería de Educación y Cultura, 1999.

GARCÍA Y GARCÍA, Antonio, *Synodicon hispanicum. Galicia: Lugo, Mondoñedo, Orense, Santiago de Compostela y Tuy-Vigo*, Madrid, Biblioteca de Autores Cristianos, 1981.

GAYANGOS DE RIAÑO, Emilia (ed.), *Relación de un viaje por Europa con la peregrinación a Santiago de Galicia*, Madrid, 1898.

GONZÁLEZ BALASCH, Mª Teresa (ed.), *Tumbo B de la catedral de Santiago*, Santiago de Compostela, Cabildo de la SAMI Catedral / Seminario de Estudios Galegos, 2004.

HERBERS, Klaus, Manuel SANTOS NOYA (eds.), *Liber Sancti Jacobi. Codex Calixtinus*, Santiago de Compostela, Xunta de Galicia, 1998.

LÓPEZ CARREIRA, Anselmo, *Libro de notas de Álvaro Afonso: Ourense, 1434,* 2ª ed., Santiago de Compostela, Consello da Cultura Galega, 2005.

LÓPEZ CARREIRA, Anselmo, *Documentos do arquivo da catedral de Ourense (1289-1399)*, Santiago de Compostela, Consello da Cultura Galega, 2016.

LÓPEZ FERREIRO, Antonio, *Colección Diplomática de Galicia Histórica*, vol. 1, Santiago de Compostela, Tipografía Galaica, 1901.

LOSCERTALES DE GARCÍA DE VALDEAVELLANO, Pilar, *Tumbos del Monasterio de Sobrado de los Monjes*, 2 vols., Madrid, Dirección General del Patrimonio Artístico y Cultural - Archivo Histórico Nacional, 1977.

MANSO PORTO, Carmen, «El códice medieval del convento de Santo Domingo de Santiago (I)», *Archivo Dominicano*, 3 (1982), pp. 117-164.

MORALEJO, Abelardo; TORRES, Casimiro; FEO, Julio (trads.), *Liber Sancti Iacobi. Codex Calixtinus*, Santiago de Compostela, Xunta de Galicia, 2004.

NUNES, José Joaquim (ed.), *Crónica da Ordem dos Frades Menores,* vol. I, Coimbra, Imprensa da Universidade, 1918.

NUNES, José Joaquim (ed.), *Vida e milagres dona Isabel, Rainha de Portugal. Texto do século XIV, restituído â sua presumível forma primitiva e acompanhado de notas explicativas*, Coimbra, Imprenta da Universidade, 1921.

OROZ RETA, José, *San Isidoro de Sevilla. Etimologías. Edición bilingüe*, Madrid, Biblioteca de Autores Cristianos, 2004.

PERTZ, Georgius Henricus (ed.), *Monumenta Germaniae Historica*, Scriptorum t. VIII, Hannoverae, Impensis Bibliopolii Aulici Hahniani, 1868.

POLAK, Lucy De, *The Pilgrim book of Jean de Tournay (1488-9)*, London, London University, 1958.

PORTELA SILVA, María José, *Documentos da Catedral de Lugo. Século XV*, Santiago de Compostela, Consello da Cultura Galega, 1998.

RODRÍGUEZ GONZÁLEZ, Angel, *Libro do concello de Santiago (1416-1422)*, Santiago de Compostela, Consello da Cultura Galega, 2000.

ROMANÍ MARTÍNEZ, Miguel, *A colección diplomática do Mosteiro cisterciense de Santa María de Oseira (Ourense)*, 5 vols., Santiago de Compostela, Tórculo, 1989-2008.

SILVA LOPES, J. B. da, *Relação da derrota naval, façanhas, e successos dos cruzados que partirão do Esclada para a Terra Santa no anno de 1189. Escrita em latim por hum dos mesmos cruzados*, Lisboa 1844.

Bibliografía

ALMAZÁN, Vicente, *Dinamarca Jacobea. Historia, arte y literatura*, Santiago de Compostela, Xunta de Galicia, 1998.

ÁLVAREZ PALENZUELA, Vicente Ángel, «Fundamentos espirituales y manifestaciones religiosas en el Camino de Santiago», en GARCÍA TURZA, Javier (coord.), *El Camino de Santiago y la sociedad medieval*, Logroño, Ayuntamiento de Logroño / Instituto de Estudios Riojanos / Gobierno de La Rioja, 2000, pp. 75-88.

ANDRADE CERNADAS, José Miguel, «¿Viajeros o peregrinos? Algunas notas críticas sobre la peregrinación a Santiago en la Edad Media», *Minius*, 22 (2014), pp. 11-31.

ANDRADE CERNADAS, José Miguel, «Los testamentos como reflejo de los cambios de actitud ante la muerte en la Galicia del siglo XIV», *Semata: Ciencias sociais e humanidades*, 17 (2006), pp. 97-114.

ANDRADE CERNADAS, José Miguel, *As peregrinacións a Compostela: Mito, historia e falsidades*, Edicións Xerais de Galicia, 2023.

ANGUITA JAÉN, José María, «La concha jacobea (vieira) en *Liber Sancti Iacobi* (*Codex Calixtinus*)», *Iacobus*, 1 (2006), pp. 47-54.

ARCARI, L., «Identità collettive, identità etniche, identità religiose. Elementi per una trattazione nella prospettiva della longue durée (tra antichità e medioevo)», *Reti medievali rivista*, 16/1 (2015), pp. 31-45.

ARES LEGASPI, Adrián, «Escribir para gobernar: los tres 'Libros de Constituciones' medievales de la Catedral de Santiago de Compostela», *Hispania Sacra*, 73/148 (2021), pp. 339-350.

ARRIETA OCHOA DE CHINCHETRU, José Ramón, «Comentario para una edición crítica del 'Liber I' de la colección canónica 'Polycarpus'», *Cuadernos doctorales: derecho canónico, derecho eclesiástico del Estado*, 23 (2009), pp. 133-177.

BAILEY, Anne E., «Flights of Distance, Time and Fancy: Women Pilgrims and their Journeys in English Medieval Miracle Narratives», *Gender & History*, 24/2 (2012), pp. 292-30.

BAQUERO MORENO, Humberto, «A vía medieval do Atlántico na peregrinação a Santiago», en *Actas del Congreso de Estudios Jacobeos*, A Coruña, Xunta de Galicia, 1995, pp. 93-100.

BAQUERO MORENO, Humberto, «Santa Isabel, rainha de Portugal peregrina a Santiago de Compostela», en BAQUERO, Humberto (coord.), *Actas de las Jornadas sobre O Caminho de Santiago. Portugal na memoria dos peregrinos*, Santiago de Compostela, Xunta de Galicia, pp. 17-26.

BARRAL RIVADULLA, María Dolores, «Aspectos de lo cotidiano en el arte medieval gallego», *Semata: Ciencias sociais e humanidades*, 21 (2009), pp. 265-286.

BARREIRO GARCÍA, Ana M., «La condición jurídica del peregrino», *Iacobvs. Revista de estudios jacobeos y medievales*, 13-14 (2002), pp. 59-86.

BARROS DÍAS, Isabel, «Relatos de peregrinação a Santiago de Compostela em contexto mendicante: S. Francisco, Fr. Gil e Sta. Isabel», *Ad Limina. Revista de investigación del Camino de Santiago y las peregrinaciones*, 11 (2020), pp. 111-128.

BÄRSCH, Jürgen, «'Accipe et hunc baculum itineris'. Liturgie- und frömmigkeitsgeschichtliche Bemerkungen zur Entwicklung der Pilgersegnung im Mittelalter», en GERWING, M. y H. J. F. REINHARDT (eds.), *Wahrheit Auf Dem Weg: Festschrift Fur Ludwig Hodl Zum Funfundachzigsten Geburtstag*, Münster, Aschendorff, 2010, pp. 76-99.

BLAZY, Adrien, «Pèlerin, vagabond et droit au Moyen-Âge: l'important ce n'est pas le voyage mais la destination», en CONDÉ, Lycette (dir.), *Variations juridiques sur le thème du voyage*, Toulouse, Presses de l'Université Toulouse, 2015, pp. 19-34.

BOLLENOT, Gilles, *Un légat pontifical au xie siècle. Hugues, évêque de Die (1073-1082), primat des Gaules (1082-1106)*, Université de Lyon, Faculté de Droit et des Sciences économiques, 1973.

BOULOUX, N., «Les formes d'intégration des récits de voyage dans la géographie savante. Quelques remarques et un cas d'étude: Roger Bacon, lecteur de Guillaume de Rubrouck», en BRESC, H. y E. TIXIER DU MESNIL (eds.), *Géographes et voyageurs au Moyen Âge*, París, Presses universitaires de Paris Nanterre, 2010.

CARRERO SANTAMARÍA, Eduardo, «Comulgar con ruedas de molino: arquitectura y liturgia medievales o los itinerarios de un desencuentro», *Medievalia*, 15 (2012), pp. 61-66.

CARRERO SANTAMARÍA, Eduardo, «El altar mayor y el altar matinal en el presbiterio de la Catedral de Santiago de Compostela. La instalación litúrgica para el culto a un apóstol», *Territorio, Sociedad y Poder*, 8 (2013), pp. 19-52.

CARRERO SANTAMARÍA, Eduardo, «La Catedral de Santiago de Compostela en tiempos del Codex Calixtinus. Espacio arquitectónico y ceremonia en torno al proyecto románico», *Quodlibet*, 75/1 (2021), pp. 49-73.

CASTELLI, Patrizia, «Dalla conchiglia di venere alla conchiglia di Sant'Jacopo: la metamorfosi di un simbolo», *Actas del Congreso de Estudios Jacobeos*, Santiago de Compostela, Xunta de Galicia, 1995, p. 109-125.

CASTIÑEIRAS GONZÁLEZ, M. A., «La meta del camino: La catedral de Santiago de Compostela en tiempos de Diego Gelmírez», en María del Carmen Lacarra DUCAY (ed.), *Los caminos de Santiago. Arte, Historia y Literatura*, Zaragoza, Diputación Provincial de Zaragoza, Institución «Fernando el Católico», 2005, pp. 213-252.

CASTIÑEIRAS GONZÁLEZ, M. A., «La catedral medieval: la dilatada historia de la obra románica y su epílogo bajomedieval», en Ramón YZQUIERDO PEIRÓ (ed.), *La Catedral en los Caminos. Estudios sobre Arte e Historia*, Santiago de Compostela, Fundación Catedral de Santiago, 2020, pp. 9-82.

CASTIÑEIRAS GONZÁLEZ, M. A., «La catedral románica: tipología arquitectónica y narración visual, Santiago, la Catedral y la memoria del Arte», en Manuel NÚÑEZ RODRÍGUEZ (ed.), *Santiago, la catedral y la memoria del arte*, Santiago de Compostela, Consorcio de Santiago, 2000, pp. 60-69.

Castiñeiras González, M. A., «Platerías: Función y Decoración de un 'Lugar Sagrado'», en *Santiago de Compostela: Ciudad y Peregrino. Actas del V Congreso Internacional de Estudios Jacobeos*, Lugo, Xunta de Galicia, 2000, pp. 289-331.

CASTIÑEIRAS GONZÁLEZ, M. A., «The Topography of Images in Santiago Cathedral. Monks, Pilgrims, Bishops, and the Road to Paradise», en James D'EMILIO (ed.), *Culture and Society in Medieval Galicia. A Cultural Crossroads at the Edge of Europe*, Leiden – Boston, Brill, 2015, pp. 631-694.

CASTIÑEIRAS, Manuel, «Diego Gelmírez, un committente viaggiatore: dalla Porta Francigena all'altare maggiore della Cattedrale di Santiago», en CARLO QUINTAVALLE, Arturo (de.), *Medioevo: I Committenti, XIII Convegno Internazionale di Studi, Parma, 21-26 settembre 2010*, Parma-Milano, Mondadori Electa, 2011, pp. 268-280.

CAUCCI VON SAUCKEN, Jacopo, *Il sermone veneranda dies del Liber Sancti Iacobi. Senso e valore del pellegrinaggio compostellano*, A Coruña, Xunta de Galicia, 2001.

CAUCCI VON SAUCKEN, Paolo, *I testi italiani del viaggio e pellegrinaggio a Santiago de Compostela e diorama sulla Galizia*, Perugia, Universitá degli Studi di Peruggia, 1983.

CAUCCI VON SAUCKEN, Paolo (coord.), *Visitandum est. Santos y Cultos en el Codex Calixtinus. Actas del VII Congreso Internacional de Estudios Jacobeos (Santiago de Compostela, 16-19 de septiembre de 2004)*, Santiago de Compostela, Xunta de Galicia, 2005.

CAUCCI VON SAUCKEN, Paolo; VÁZQUEZ SANTOS, Rosa (eds.), *VIII Congreso Internacional de Estudios Jacobeos. Peregrino, ruta y meta en las «peregrinationes maiores»*, Santiago de Compostela, Secretaría Xeral da Presidencia. S.A. de Xestión do Plan Xacobeo, 2012.

CENDÓN, Marta, «La meta es Santiago. Arquitectura e iconografía de la catedral en tiempos de Gelmírez», en Inés Monteira Arias (ed.), *Los caminos a Santiago en la Edad Media: imágenes y leyendas jacobeas en territorio hispánico (Siglos IX a XIII)*, Madrid, UNED – Universidade de Santiago de Compostela, 2018, pp. 109-148.

CHAO CASTRO, David, «La concreción litúrgica en el santuario apostólico medieval: prelados y capitulares como referentes para el 'corpus' ceremonial, ritual y festivo», en *Ceremonial, fiesta y liturgia en la catedral de Santiago*, Santiago de Compostela, Cabildo Metropolitano de la Catedral de Santiago, 2011, pp. 142-177.

CHOPIN-FARON, Myriam, «Écrire le temps au Moyen Âge. Temps de l'Histoire et temps de la mémoire», *reCHERches. Culture et histoire dans l'espace roman*, 27 (2021), pp. 31-46.

CONSTANCE, Mary Storrs, *Jacobean Pilgrims from England to St. James of Compostela From the early twelfth to the late fifteenth century*, Santiago de Compostela, Xunta de Galicia, 1998.

CONTAMINE, Philippe, Jacques PAVIOT, «Nobles français du XVe siècle à Saint-Jacques en Galice. Motivations et modalités du pèlerinage», *Ad limina. Revista de investigación del Camino de Santiago y las peregrinaciones*, 3 (2012), pp. 119-132.

COSTE MESSELIÈRE, René de la, «L'Europe et le Pelerinage de Saint Jacques de Compostelle», en *Santiago en España, Europa y América*, Madrid, Editora Nacional, 1971, pp. 147-322.

COSTE MESSELIÈRE, René de la, *Sur les chemins de Saint Jacques*, Belgique, Perrin, 1993.

CREMADES UGARTE, Ignacio, «Peregrino: extranjero y ciudadano. Reflexiones sobre *peregrinus* antiguo y peregrino medieval», *Iacobvs. Revista de estudios jacobeos y medievales*, 21-22 (2006), p. 47-76.

DANGTON, Robert, *La gran matanza de gatos y otros episodios en la historia de la cultura francesa*, México, Fondo de Cultura Económica, 1987.

DELUZ, Ch., «Les pèlerins français dans les 'peregrinationes maiores'«, en *Peregrino, ruta y meta en las peregrinationes maiores. VIII Congreso internacional de estudios jacobeos*, Santiago de Compostela, Xunta de Galicia, 2012, pp. 103-114.

DELVILLE, Jean-Pierre, «Les pèlerinages chrétiens: sens, histoire et actualité», en CAUCHIES, Jean-Marie; DESMETTE, Philippe y Emmanuël FALZONE (dirs.), *L'encadrement des pèlerins du XIIè siècle à nos jours*, Bruxelles, Facultés Universitaires Saint-Louis, 2010, pp. 17-51.

DÍAZ FERNÁNDEZ, J. M.; SÁNCHEZ SÁNCHEZ, Xosé M. «El botafumeiro de la iglesia de Santiago de Compostela», en *El Botafumeiro. Estudios y evocaciones*, A Coruña, Hércules Ediciones, 2010, pp. 41-57.

DÍAZ Y DÍAZ, Manuel C., «La espiritualidad de la peregrinación en el siglo XII», en DÍAZ Y DÍAZ, Manuel C., *De Santiago y de los Caminos de Santiago*, Santiago de Compostela, Xunta de Galicia, 1997, pp. 249-260.

DÍAZ Y DÍAZ, Manuel C., *El Códice Calixtino de la catedral de Santiago. Estudio codicológico y de contenido*, Santiago de Compostela, Centro de Estudios Jacobeos, 1988.

DÍAZ Y DÍAZ, Manuel, «Las tres grandes peregrinaciones vistas desde Santiago», en Paolo CAUCCI VON SAUCKEN (ed.), *Santiago, Roma, Jerusalén. Actas del III congreso Internacional de Estudios Jacobeos*, Santiago de Compostela, Xunta de Galicia, 1999, pp. 81-98.

DYAS, Dee, «Pilgrimage in medieval England. History, literature and tradition», en Carlos Andrés GONZÁLEZ PAZ (ed.), *Mujeres y peregrinación en la Galicia medieval*, Santiago de Compostela, Consejo Superior de Investigaciones Científicas, 2010, pp. 129-154.

DYAS, Dee, *The Dynamics of Pilgrimage: Christianity, Holy Places, and Sensory Experience*, Abingdon, Routledge, 2020.

FALQUE, Emma, «Las peregrinaciones a Santiago en la *Historia Compostelana*», *Compostellanum*, 43 (1998), pp. 588-592.

FANDIÑO FUENTES, R., «La translatio de los santos mártires de Braga a Compostela. Reflexiones sobre el capítulo I, 15 de la Historia Compostelana», *Cuadernos de estudios gallegos*, 64/130 (2017), pp. 119-140

FANDIÑO FUENTES, R., «Las reliquias de los santos y mártires bracarenses y su localización en la Compostela de 1102. Una propuesta alternativa», *Ad Limina. Revista de Investigación del Camino de Santiago y de las Peregrinaciones*, 10 (2019), pp. 27-50.

FERREIRA PRIEGUE, Elisa, «La ruta ineludible: las peregrinaciones colectivas desde las Islas británicas en los siglos XIV y XV», en *Actas del Congreso de Estudios Jacobeos*, A Coruña, Xunta de Galicia, 1995, pp. 277-290.

FONSECA, Cosimo Damiano, «'Spiritualium gratiarum munera... perpetuo concesserant' Indlugenze e Pellegrinaggi», en Paolo CAUCCI VON SAUCKEN (ed.), *Santiago, Jerusalén, Roma. Actas del III Congreso Internacional de Estudios Jacobeos*, Santiago de Compostela, Xunta de Galicia, 1999, pp. 119-134.

FRAGA SAMPEDRO, Mª Dolores; RÍOS RODRÍGUEZ, Mª Luz, «Aproximación a la topografía espiritual de Santiago en la Baja Edad Media: antiguas y nuevas devociones», *Ad Limina. Revista de Investigación del Camino de Santiago y de las Peregrinaciones*, 5 (2014), pp. 43-62.

GALLEGOS VÁZQUEZ, Federico, «Los peregrinos. Definición jurídica», *Compostellanum*, 49 (2004), pp. 379-419

GALLEGOS VÁZQUEZ, Federico, *Estatuto jurídico de los peregrinos en la España medieval*, Santiago de Compostela, Xunta de Galicia, 2005.

GALLEGOS VÁZQUEZ, Francisco, «El Camino de Santiago y los peregrinos en la *Historia compostelana*», *Compostellanum*, 44 (1999), pp. 393-409.

GARCÍA ÁLVAREZ, Rubén, «La infanta Fronilde, peregrina a Compostela», *Compostellanum*, 9 (1964), pp. 173-187.

GARCÍA CORTÁZAR, José Ángel, «El hombre medieval como «homo viator»: peregrinos y viajeros», en IGLESIA DUARTE, José Ignacio de la (coord.), *IV Semana de Estudios Medievales. Aspectos en torno al Camino de Santiago en la Edad Media. Nájera, 2 al 6 de agosto de 1993*, Logroño, Instituto de Estudios Riojanos, 1994, pp. 11-30.

GARCÍA DE CORTÁZAR, José Ángel, «Viajeros, peregrinos, mercaderes, en la Europa medieval», en *XVIII Semana de Estudios Medievales Estella, 22 a 26 de Julio de 1991. Viajeros, peregrinos, mercaderes, en la Europa medieval*, Pamplona, Gobierno de Navarra, 1999, pp. 15-52.

GARCÍA DE CORTÁZAR, José Ángel, *Historia religiosa del Occidente medieval (Años 313-1464)*, Madrid, Akal, 2012.

GARCÍA IGLESIAS, José Manuel, «Espacios y percepciones. María Magdalena en la catedral de Santiago de Compostela», *Quintana*, 2 (2003), p. 41-56.

GREENIA, George D., «Faith and Footpaths. Pilgrimage in Medieval Iberia», en MUÑOZ BASOLS, Javier; LONSDALE, Laura, y DELGADO, Manuel (coords.), *The Routledge Companion to Iberian Studies*, London, Routdlege, 2019, pp. 16-26.

GREENIA, George; SÁNCHEZ SÁNCHEZ, Xosé M., «The Rattle of Time and Travel: The Acoustics of Medieval Pilgrimage», *Ad Limina. Revista de investigación del Camino de Santiago y las peregrinaciones*, 12 (2021), pp. 209-243.

GUENÉE, M. Bernard, «Temps de l'histoire et temps de la mémoire au moyen age», *Annuaire-Bulletin de La Société de l'histoire de France*, (1976-1977), pp. 25-35.

Gutiérrez García, Santiago; López Martínez-Morás, Santiago, *El culto ja-cobeo y la peregrinación a Santiago a finales de la Edad Media*, Santiago de Compostela, Universidade de Santiago de Compostela, 2018.

Halbwachs, Maurice, «La mémoire collective et le temps», *Cahiers internatio-naux de sociologie*, 2 (1947), pp. 3-31

Hausheer, H., «St. Augustine's Conception of Time», *The Philosophical Review*, 46(5) (1937), pp. 503-512.

Heikkilä, Tuomas (ed.), *Time in the Eternal City: Perceiving and Controlling Time in Late Medieval and Renaissance Rome*, Leiden / Boston, Brill, 2020.

Herbers, K. «Peregrinos, escritores y otros propagadores del culto jacobeo en Alemania», en Klaus Herbers (ed.), *Papado, peregrinos y culto jacobeo en España y Europa durante la Edad Media*, Granada, Universidad de Granada, 2017, pp. 115-142.

Herbers, Klaus, «El primer peregrino ultrapirenaico a Compostela a comienzos del siglo X y las relaciones de la monarquía asturiana con Alemania del Sur», *Compostellanum*, 36 (1991), pp. 255-264.

Herbers, Klaus, «Cruzada y peregrinación. Viajes marítimos, guerra santa y devoción», en *Actas del II Congreso Internacional de Estudios Jacobeos. Ru-tas atlánticas de peregrinación a Santiago de Compostela*, vol. 2, Santiago de Compostela, Xunta de Galicia, pp. 27-40.

Herbers, Klaus, «Les chemins de Saint-Jacques. Une conception de sacraliser l'espace et le temps», *Ad Limina. Revista de investigación del Camino de Santiago y las peregrinaciones*, 3 (2012), pp. 133-148.

Herbers, Klaus, «Sacralizar el tiempo y el espacio. Visitar lugares sagrados en los siglos XII y XV», en María Isabel del Val Valdivieso, Pascual Mar-tínez Sopena (eds.), *Castilla y el mundo feudal: homenaje al profesor Julio Valdeón*, v. 3, Valladolid, Junta de Castilla y león – Universidad de Vallado-lid, 2009, p. 567-581.

Herbers, Klaus; Plötz, Robert, «Einführung: Spiritualität del Pilgerns im christlichen Westen», en Klaus Herbers, Robert Plötz (dirs.), *Spiritualität des Pilgerns*, Tübingen, Gunter Narr Verlag Tübingen, 1993, pp. 7-24.

Herbers, Klaus; Plötz, Robert, *Caminaron a Santiago. Relatos de peregrinacio-nes al fin del mundo*, Santiago de Compostela, Xunta de Galicia, 1999.

Honemann, Viker, «Motives for Pilgrimages to Rome, Santiago and Jerusalem in the later Middle Ages», en Paolo Caucci von Saucken (ed.), *Santiago, Jerusalén, Roma. Actas del III Congreso Internacional de Estudios Jacobeos*, Santiago de Compostela, Xunta de Galicia, 1999, pp. 175-186.

IAKOVLEVICH GURIEVICH, Arón, *Medieval popular culture: problems of belief and perception*, Cambridge, Cambridge University Press, 1988.

JARA FUENTE, José Antonio (dir.), *Emociones políticas y políticas de la emoción. Las sociedades urbanas en la Baja Edad Media*, Madrid, Dykinson, 2021.

JUSTO FERNÁNDEZ, J. «Los concilios compostelanos medievales (1120-1563). Edición crítica», *Annuarium Historiae Conciliorum*, 33/2 (2001), pp. 309-404.

KERY, Lotte, *Canonical Collections of the Early Middle Ages (ca. 400-1140). A Bibliographical Guide to the Manuscripts and Literature*, Washington D.C, Catholic University of America Press, 1999.

LAWO, Mathias, *Studien zu Hugo von Flavigny*, Hannover, Hahnsche Buchhandlung, 2010.

LE GOFF, Jacques, «Au Moyen Âge: temps de l'Église et temps du marchand», *Annales,* 15-3 (1960), pp. 417-433.

LE GOFF, Jacques, *La civilisation de l'Occident medieval*, Paris, Arthaud, 1964.

LE GOFF, Jacques, *En busca del tiempo sagrado. Santiago de la Vorágine y la Leyenda dorada*, Madrid, Ed. Akal, 2022.

LE TEMPS et l'Histoire, Tours, Annales de Bretagne et des pays de l'Ouest, 1975.

LEIRÓS FERNÁNDEZ, Eladio, «Los tres libros de Aniversarios de la Catedral de Santiago de Compostela», *Compostellanum*, 15 (1970), pp. 179-254.

LONGO, U., «Introduzione: il pellegrinaggio medioevale», *RiMe. Rivista dell'Istituto di Storia dell'Europa Mediterranea*, 6 (2020), pp. 7-14.

LÓPEZ ALSINA, Fernando, «La invención del sepulcro de Santiago y la difusión del culto jacobeo», *El Camino de Santiago y la articulación del espacio hispánico: XX Semana de Estudios Medievales. Estella, 26 a 30 de julio de 1993*, Estella, Gobierno de Navarra, 1994, pp. 59-84.

LÓPEZ ALSINA, Fernando, «Los espacios de la devoción: peregrinos y romerías en el antiguo reino de Galicia», en *Viajeros, peregrinos, mercaderes en el Occidente medieval. XVIII Semana de estudios medievales. Estella '91*, Pamplona, Gobierno de Navarra, 1992, pp. 173-192.

LÓPEZ ALSINA, Fernando, *La ciudad de Santiago de Compostela en la alta Edad Media*, Santiago de Compostela, Ayuntamiento de Santiago de Compostela / Centro de Estudios Jacobeos / Museo Nacional de las Peregrinaciones, 1988.

LÓPEZ FERREIRO, Antonio, *Fueros municipales de Santiago y de su tierra*, Santiago de Compostela, Imp. y Enc. del Seminario C. Central, 1895.

LÓPEZ FERREIRO, Antonio, *Historia de la Santa AM Iglesia de Santiago de Compostela*, vols. 1-6, Santiago de Compostela, 1898-1910.

López Mayán-Navarrete, Mercedes, «Culto y cultura en la catedral compostelana en el siglo XI», en J. Luis Senra (ed.), *En el principio: Génesis de la catedral románica de Santiago de Compostela*, Pontevedra 2014, pp. 31-56.

Lucas Álvarez, Manuel (ed.), *Tumbo A de la Catedral de Santiago*, Santiago de Compostela, Cabildo de la SAMI Catedral / Seminario de Estudios Galegos, 1998.

Lucherini, V.; Boto Varela, Gerardo (eds.), *La cattedrale nella città medievale: i rituali*, Roma, Viella, 2020.

Marcos Rodríguez, Florencio, «Tres manuscritos del siglo XII con colecciones canónicas», *Analecta Sacra Tarraconensia*, 32 (1959), pp. 35-54.

Martin, Hervé, *Mentalités médiévales (XIe-XVe siècle)*, Paris, Presses Universitaires de France, 1998.

Mazel, Florian, «Un, deux,trois Moyen Âge… Enjeux et critères des périodisations internes de l'époque médiévale», *Atala. Cultures et sciences humaines*, 17 (2014), pp. 101-113.

Moralejo Álvarez, Serafín, «La imagen arquitectónica de la Catedral de Santiago de Compostela», *Atti del Convengno Internazionale di Studi Il Pellegrinaggio a Santiago de Compostela e la Letteratura Jacopea, Perugia 23-24-25 settembre 1983*, Perugia, Università degli Studi di Perugia, 1983, pp. 37-61.

Murguía, Manuel, *Galicia. Sus monumentos y artes - Su naturaleza e historia*, Barcelona, Ed. de Daniel Cortezo, 1888.

Núñez Rodríguez, Manuel, «Reflexión sobre el Pórtico del Paraíso en concurrencia con el peregrinaje», *Anuario Brigantino*, 31 (2008), pp. 301-316.

Nodar Fernández, Victoriano, «Polycarpus», en *Compostela y Europa. La historia de Diego Gelmírez*, Santiago de Compostela, Xunta de Galicia, 2010, p. 354.

Nodar Fernández, Victoriano, *El bestiario de la Catedral de Santiago de Compostela. Espacio, función y audiencia*, Santiago de Compostela, Consorcio de Santiago, Andavira Editorial, 2021.

Orlandis, José, «Las peregrinaciones en la religiosidad medieval», *Príncipe de Viana. Anejo*, 2-3 (1986), pp. 607-614.

Ortega Cervigón, José Ignacio, «La medida del tiempo en la Edad Media. El ejemplo de las crónicas cristianas», *Medievalismo*, 9 (1999), pp. 9-39.

Pacho Reyero, F., «El botafumeiro de Compostela», *Iacobvs. Revista de estudios jacobeos y medievales*, 15-16 (2003), pp. 431-480.

Paravicini, Werner, «Jean de Werchin, sénéchal de Hainaut, chevalier errant», en Françoise Autrand *et al.*, *Saint-Denis et la royauté: Études offertes à Bernard Guenée*, Paris, Éditions de la Sorbonne, 1999, pp. 125-144. http://books.openedition.org/psorbonne/22163

Pérez Rodríguez, Francisco J., *La Iglesia de Santiago de Compostela en la Edad media: El Cabildo Catedralicio (1100-1400)*, Santiago de Compostela, Xunta de Galicia, 1996.

Pérez Rodríguez, Francisco J., *Los monasterios del reino de Galicia entre 1075 y 1540 de la reforma gregoriana a la observante*, Santiago de Compostela, Instituto de Estudios Galegos PAdre Sarmiento, 2019.

Petersen, N. H., «Framing Medieval Latin Liturgy through the Marginal», *Religions*, 13/2 (2022). https://doi.org/10.3390/rel13020095

Picasso, G., «La liturgia del viaggio», en S. Gensini (ed.), *Viaggiare nel Medioevo*, Pisa, Pacini Editore – Centro studi sulla civiltà del tardo Medievo, 2000, pp. 465-480.

Plötz, Robert, «Pelerins et pelerinages hier et aujourd'hui», en *Les Chemins de Saint-Jacques-de-Compostelle*, Strasbourg, Conseil de l 'Europe, 1989.

Plötz, Robert, «Peregrini - Palmieri - Romeri, Untersuchungen zum Pilgerbegriff der Zeit Dantes», *Jahrbuch für Volkskunde*, 2 (1979), pp. 103-134.

Plötz, Robert, «El peregrino y su entorno. Historia, infraestructura y espacio», *Ad limina. Revista de investigación del Camino de Santiago y las peregrinaciones*, 3 (2013), pp. 165-180.

Plötz, Robert, «Homo viator», *Compostellanum*, 36 (1991), pp. 265-281.

Plötz, Robert, «Indumenta peregrinorum», *Peregrino: revista del Camino de Santiago*, 11 (1989), pp. 18-21.

Plötz, Robert, «La *peregrinatio* como fenómeno Alto-Medieval», *Compostellanum*, 29 (1984), pp. 239-265.

Plötz, Robert, «Memoria, de peregrinación y de peregrinos», en Paolo Caucci von Saucken (ed.), *Santiago, Jerusalén, Roma. Actas del III Congreso Internacional de Estudios Jacobeos*, Santiago de Compostela, Xunta de Galicia, 1999, pp. 277-304.

Plötz, Robert, «Peregrinando por mar: relatos de peregrinos», en *Actas del II Congreso Internacional de Estudios Jacobeos. Rutas atlánticas de peregrinación a Santiago de Compostela*, A Coruña, Xunta de Galicia, pp. 55-81.

Plötz, Robert, «*Peregrinatio ad Limina Sancti Jacobi*», en John Williams, Alison Stones (eds.), *The Codex Callixtinus and the Shrine of St. James*, Tübingen, Gunter Narr Verlag Tübingen, 1992, pp. 37-49.

Plötz, Robert, «Sanctus et Peregrinus – Peregrinus et Sanctus. Peregrinatio ad Saanctum Jacobum usque ad annum 1140», en Fernando López Alsina (ed.), *El papado, la Iglesia Leonesa y la Basílica de Santiago a finales del siglo XI. El traslado de la Sede Episcopal de Iria a Compostela en 1095*, Santiago de Compostela, Consorcio de Santiago, 1999, pp. 89-106.

PORTELA SILVA, Ermelindo, «El rey y los obispos. Poderes locales en el espacio galaico durante el periodo astur», *Territorio, sociedad y poder*, 2 (2009), pp. 215-226.

PORTELA SILVA, Ermelindo, «La Catedral en la Historia. De los orígenes a la Reforma. Siglos IX-XV», en Ermelindo PORTELA SILVA (dir.), *La Catedral en los Caminos. Estudios sobre Arte e Historia*, Santiago de Compostela, Fundación Catedral de Santiago, 2020, pp. 9-82.

RAMELLO, Laura, «Nuestra deliberación es de ir en romería»: pellegrinaggio e pellegrini nella narrativa cavalleresca spagnola (XV-XVI secolo)», *Ad limina. Revista de investigación del Camino de Santiago y las peregrinaciones*, 12 (2021), pp. 147-165.

RASMUSSEN, Ann Marie, Hanneke van ASPEREN, «Introduction: Medieval Badges», *The Mediaeval Journal*, 8/1 (2018), pp. 1-11.

RIBEMONT, Bernard, *Le temps, sa mesure et sa perception au moyen Âge*, Caen, Paradigme, 1992.

RODRÍGUEZ, Manuel F., «La ciudad de A Coruña como puerto de referencia en Galicia para los peregrinos a Santiago de Compostela en los siglos XIII al XVII», *Ad Limina. Revista de investigación del Camino de Santiago y las peregrinaciones*, 8 (2017), pp. 155-190.

RODRÍGUEZ, Manuel F., «La ciudad de A Coruña como puerto de referencia en Galicia», *Ad Limina. Revista de investigación del Camino de Santiago y las peregrinaciones*, 8 (2017), p. 155-190.

ROMANO, D. L. F., *Traducción de las principales inscripciones antiguas que se hallan en la S. M. Iglesia de Santiago*, Santiago de Compostela, 1879 (2ª ed.).

Rucquoi, Adeline, «Cluny, el Camino Francés y la Reforma Gregoriana», *Medievalismo: Boletín de la Sociedad Española de Estudios Medievales, 20 (2010), pp. 97-122.*

RUCQUOI, Adeline, «'Hospites seu Peregrini': itinerarios de peregrinación en la alta Edad Media (850-1150)», *Iacobus: revista de estudios jacobeos y medievales*, 29-30 (2011), pp. 15-48.

RUCQUOI, Adeline, «Trece siglos por los caminos de Santiago», *Revista chilena de Estudios Medievales*, 4 (2013), pp. 93-114.

RUCQUOI, Adeline, «Le 'chemin français' vers Saint-Jacques: une entreprise publicitaire au XIIe siècle», en Giuseppe ARLOTTA (ed.), *De peregrinatione: studi in onore di Paolo Caucci von Saucken: Perugia, 27-29 maggio 2016*, Pomigliano d'Arco, 2016, pp. 607-630.

RUCQUOI, Adeline; MICHAUD-FRÉJAVILLE, F. y PICCONE, P., *Le voyage à Compostelle du Xe au XXe siècle*, Paris, 2018.

Rucquoi, Adeline, «The Way of Saint James: A sacred space?», *International Journal of Religious Tourism and Pilgrimage*, 7/5 (2019), pp. 41-47.

Ruelle, Pierre, *Le temps, la vie, la mort dans la conception médiévale*, Académie royale de langue et de littérature françaises de Belgique, 1985 <https://www.arllfb.be/ebibliotheque/communications/ruelle14121985.pdf>

Ruiz Asencio, Jose Manuel, *Colección documental del Archivo de la Catedral de León (775-1230). IV (1032-1109)*, León, Centro de Estudios e Investigación «San Isidoro».

Russo, L., «Spazi e aspirazioni del pellegrinotra Mezzogiorno e Terrasanta nei secoli XI-XIII», *Reti medievali rivista Rivista*, IX (2008), art. #2.

Sánchez Chouza, José M., *A Coruña en la baja Edad Media*, A Coruña, Seminario de Estudos Galegos, 2005.

Sánchez Sánchez, Xosé M., «Breves notas de pontificado y liturgia compostelana en la Baja Edad Media», *Compostellanum*, 56 (2011), pp. 443-459.

Sánchez Sánchez, Xosé M., «La peregrinación a Santiago de Compostela y el poder pontificio entre los siglos XII y XV», *Ad limina. Revista de investigación del Camino de Santiago y las peregrinaciones*, 1 (2010), pp. 181-200.

Sánchez Sánchez, Xosé M., *Iglesia, mentalidad y vida cotidiana en la Compostela medieval*, Santiago de Compostela, Consorcio de Santiago – Universidade de Santiago de Compostela, 2019.

Sánchez Sánchez, Xosé M., *La iglesia de Santiago y el pontificado en la Edad Media (1140-1417)*, Santiago de Compostela, Consorcio de Santiago – Universidade de Santiago de Compostela, 2012.

Schmitt, Jean-Claude, «Le Temps. 'Impens' de l'histoire ou double objet de l'historien?», *Cahiers de Civilisation Médiévale*, 48 (2005), pp. 31-52.

Shagrir, Iris, «*Vox Civitatis*: el paisaje sonoro en la Jerusalén del siglo XII», *Ad Limina. Revista de investigación del Camino de Santiago y las peregrinaciones*, 8 (2017), pp. 63-84.

Sigal, Piere André, «Les differents types de pelerinages», en *Santiago de Compostela, 1000 ans de pèlerinage européen*, Gand, Centrum voor Kunst en Cultuur, Abbaye Saint-Pierre, 1985, pp. 97-101.

Singul Lorenzo, Francisco, «La sacralidad del espacio en el Camino de Santiago», *La corónica: A Journal of Medieval Hispanic Languages, Literatures & Cultures*, 2 (2008), pp. 273-294.

Singul, Francisco, *Historia cultural do Camiño de Santiago*, Vigo, Ed. Galaxia, 1999.

Soraluce Blond, J. R., «La ciudad medieval: símbolos y elementos decorativos», *Abrente*, 42-743 (2021-2011), pp. 7-40.

STOPANI, Renato, «Le croci stradali: un elemento di sacralizacione dello spazio, comune ai percorsi delle tre 'peregrinationes maiores'», en Paolo CAUCCI VON SAUCKEN (ed.), *Santiago, Jerusalén, Roma. Actas del III Congreso Internacional de Estudios Jacobeos*, Santiago de Compostela, Xunta de Galicia, 1999, pp. 331-340.

SUÁREZ FERNÁNDEZ, Luis, «Piedad popular en el culto a Santiago», en *El Camino de Santiago. Camino de Europa*, Pontevedra, Xunta de Galicia, 1993, pp. 217-221.

SUÁREZ GONZÁLEZ, Ana, «Invocar, validar, perpetuar (un círculo de círculos)», *Revista de poética medieval*, 27 (2013), pp. 61-99.

SUÁREZ OTERO, José, «Apuntes arqueológicos sobre la formación del 'Locus Sanctus Iacobi' y los orígenes del Urbanismo medieval compostelano», en *Codex aquilarensis: Cuadernos de investigación del Monasterio de Santa María la Real*, 15 (1999), p. 11-42.

SUERBAUM, Almut; SUTHERLAND, Annie, *Medieval Temporalities. The Experience of Time in Medieval Europe*, Cambridge, Boydell & Brewer, 2021.

SUTER, R., «El concepto del tiempo según San Agustín, con algunos comentarios críticos de Wittgenstein», *Convivium*, 19 (1965), pp. 97-111.

SZÁSZDI LEÓN-BORJA, Istvan, «La extraña peregrinación compostelana del obispo Mártir (Un armenio en la negociación contra el Turco y el Atlántico)», *Iacobvs. Revista de estudios jacobeos y medievales*, 17-18 (2004), pp. 131-164.

TEMPS, MEMOIRE et tradition au Moyen Age. XIIIe congrès (Aix-en-Provence, 1982), Aix, Société des Historiens Médiévistes de l'enseignement Supérieur public, 1982.

TEXIER, Pascal, «Pèlerinages imposés et perception de l'espace. La France centrale des XIVe et XVe siècles», en *Pèlerinages, échanges, cultures. Actes du 74e Congrès de la Fédération des Sociétés savants du Centre de la France*, Saint-Léonard, 2019, pp. 113-128.

TRIVIÑO CUELLAR, J., «Tiempo, eternidad y 'distentio animi'. Una clave de lectura del libro XI de Confesiones», *Universitas Philosophica*, 67 (2016), pp. 239-274.

VÁZQUEZ DE PARGA, Luís; LACARRA, José María, y URÍA RIU, Juan, *Las peregrinaciones a Santiago de Compostela*, 3 vols., Madrid, Consejo Superior de Investigaciones Científicas, 1948.

VELO PENSADO, Ismael, *La Coruña en el camino de preregrinos a Santiago*, La Coruña, Archivo de la Colegiata, 1996.

VIALLET, Ludovic, «Introduction. Localisation, imaginaire, espace social», *Reti medievali rivista*, 17/1 (2016), pp. 369-380.

Yzquierdo Perrín, Ramón, «Diego Gelmírez y los inicios del Románico en Galicia, O século de Xelmírez», en Fernando López Alsina (ed.), *O século de Xelmírez*, Santiago de Compostela, Consello da Cultura Galega, 2013, pp. 207-243.

Yzquierdo Perrín, Ramón, «Santiago de Compostela, la ciudad construida. Arquitectura medieval», en *Santiago de Compostela: Ciudad y Peregrino. Actas del V Congreso Internacional de Estudios Jacobeos*, Lugo, Xunta de Galicia, 2000, pp. 227-270.

Zepedano y Carnero, J. M., *Historia y descripción arqueológica de la basílica compostelana*, Lugo, 1870.